風のように旅のように

大野夏代

決まった生き方なんてない・**北海道**の国際人８人の現在地

ぶなのもり

はじめに

私は仕事のできる人が好きで、そんな人たちの生き方に関心があります。他の人より情熱をもって、たくさんの仕事をしているのに、涼しい顔をして楽しそうに生きている人、周りにいませんか。自分らしくさらりと工夫しながら、作ったものやサービスを世に送り出し、社会からの反応を正面から受ける、そんなすてきな人たちの仕事の様子や具体的な生活の仕方を取材してみたいと思っていました。この人のこの元気はいったいどこから湧いてくるのだろう、どんなものを食べているのだろう、そんな興味がこの本を生み出す最初のエネルギーとなりました。

また私は、本文にも書いていますが、海外で仕事をしたことがあります。スリランカという南アジアの小さな島国で、現地の看護教員たちと一緒に新しい看護学校を作るという仕事です。現地での仕事を通し、多くの出会いがありました。スリランカ人をはじめとした外国人との出会いはもちろんですが、日本にいては出会うことのなかったであろう個性的な日本人にも多く出会いました。この人たちの生き方に触れることは、私の人生を間違いなく豊かにしました。「世界で働く元気な日本人の姿を日本に住む人たちに伝えたい」と思ったことも、この本を書こうと思ったきっかけになりました。

もう一つのキーワードが「北海道」です。私自身は北海道出身ではないのですが、縁があって北海道に来て、たくさん仕事をしてきました。それまでの人生は仕事のための引っ越しが多く、住所不定といった感じで、風のように旅のように暮らしてきました。北海道に10年も住んでしまうなんて思いもよりませんでした。

自分の居場所があるはずもないところに切り込んでいき、生活を少しずつ手作りで整える、国際的な仕事のイメージが北海道の開拓者精神につながるような気がして、今回の企画の着想となりました。大好きな北海道にこだわった本を作ることができて、幸せです。

北海道と世界とをつないだ話題を編集しましたが、読者としてはもちろん北海道の人にはこだわらず、国際的な生活や生き方の実際を知りたい人、元気が出る本・勇気が出る本を探している人、海外で頑張っている人の話を読みたい人、異文化でのビジネスのヒントを得たい人、国際結婚や海外赴任等で関係国の情報を知りたい人などを想定しています。これからの日本人に、もっと世界に目を向けて、自分の人生を柔軟に考え、開拓していってほしいという期待もたっぷりと込めました。

この本で紹介する7人と私、関連する地域がアジアを中心とする、いわゆる開発途上国に偏ったのは、世界196か国中DAC援助受取国・地域は146、世界のほとんどの国は開発途上国であるという私の世界観に基づきます。北海道出身で国をまたいだ仕事をしている人だけでなく、海外から北海道に来て活躍している方も含めました。

『世界の国情報2016』（リブロ刊）によると、海外在留日本人の総数は129万175人（2014年10月1日）、在日外国人総数は217万2892人（2015年6月末日）。訪日外国人は２０１６年には２３００万人を超えていて、社会現象として話題になったりします。たくさんの人たちが日本と世界とを移動していて、その数は増えていると思うと楽しくなります。

なお、本書で掲載した国名と各国の概要（首都、面積、人口、一人あたりＧＤＰ等）の表記や数値は、「世界の国情報２０１６」より引用しました。日本との関係をイメージしていただくために在留日本人数と在日外国人数も記載しました。

風のように旅のように——決まった生き方なんてない。北海道の国際人8人の現在地

目次

はじめに　3

第1章　北海道の生活と北海道人を私なりに考える　13

第2章　北海道出身・北海道在住7人の国際人　27

青年海外協力隊を経て38歳で看護師へ転身　29
新しいものを取り入れたいし、これまでに自分が培ってきたことを大切にしたいとも思っています。
たぶん、バランスが大事なのだと思います。

札幌で手探りのうちに始めた店がいまや東京一等地の有名店　45
北海道と東京とイランを行き来して人と人とをつなぎたい。
自分を育ててくれたところと支えてくれた方々への感謝の気持ちを、娘たちにも伝えたいです。

マレーシアから来たニセコのホテル統括マネージャー　61
子供にはたくさん旅をして多くの人種、文化に触れてほしいです。これからの世の中では
厳しい状況であっても生き抜いていく力、人間力を培うことが大事だと思っています。

インドネシアで悠々自適の第二の人生　77
息子たちは海外で育ったので日本を外側から見る視点があります。

彼らは「インドネシアで育ってよかった」と言っていました。
子育てに、仕事に、学業に奔走するモンゴル出身大学院生　87
将来は日本とモンゴルの架け橋になりたいです。
日本語を生かして日本のよさをモンゴルや世界の人々に伝えたいと思っています。
日本の食文化を伝える料理人　103
北海道の人はある意味『いい加減』です。そういう意味でインドネシア向きかもしれませんね。
「ここまでは目をつぶろう」というように、自分なりの基準を決めることが大切です。
想像することと書くことが私の仕事です　111
これからも私はここ北海道で暮らします。
ここでは外国人として普通に生きることができます。
第3章　自分自身のこと——世界に看護を伝える仕事を続けてきて　131
あとがき　155

アメリカ合衆国
アリゾナ州
アラバマ州
ベリーズ
旭川
岩見沢
札幌
ニセコ町
ニュージーランド

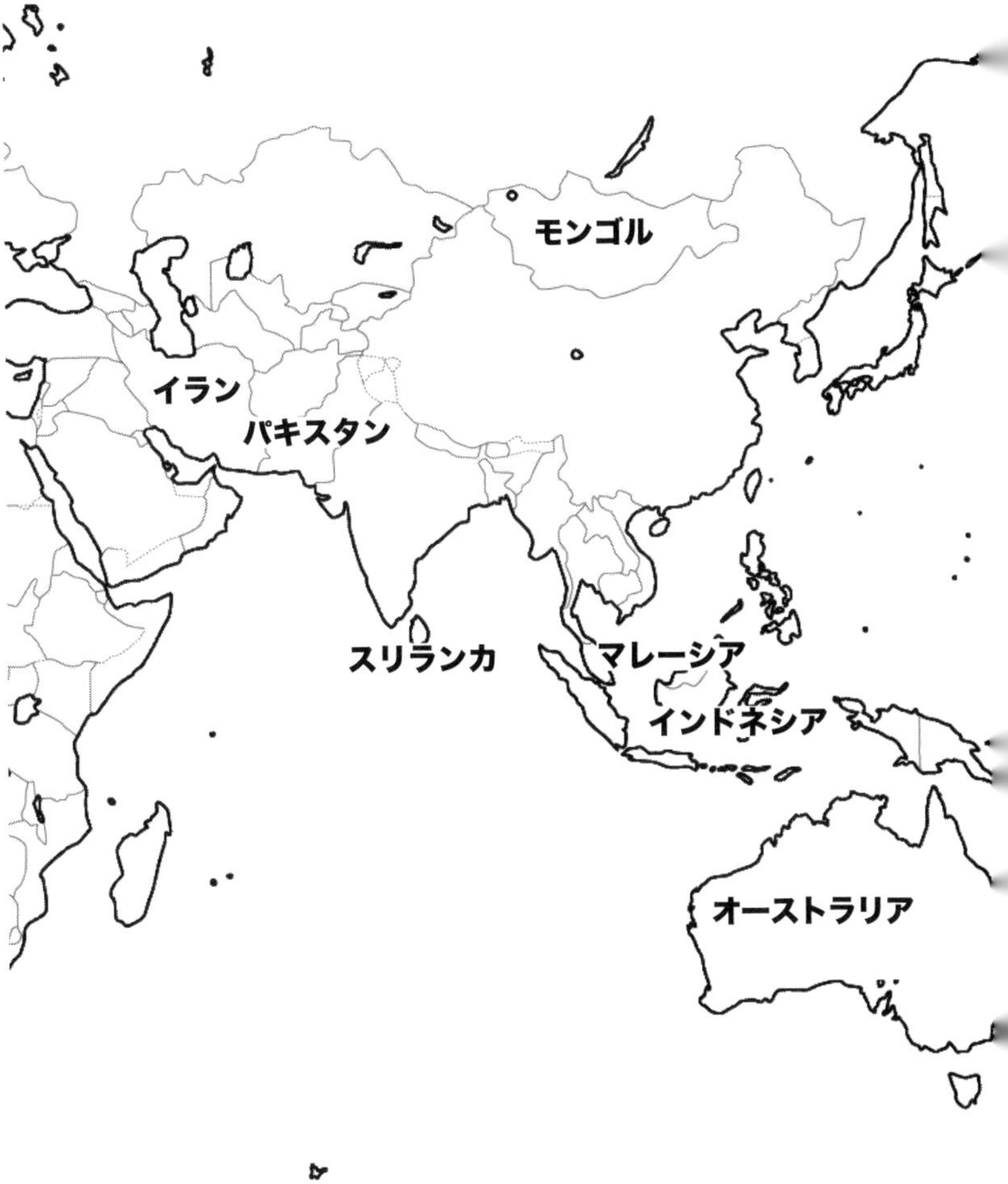
モンゴル
イラン
パキスタン
スリランカ
マレーシア
インドネシア
オーストラリア

第1章　北海道の生活と北海道人を私なりに考える

1　北海道人は北海道を知らない

北海道の大学への赴任が決まったとき、当時の同僚が私に、「北海道の生活は東京のとはずいぶん違うでしょうね。大自然の中で長く暮らせば人間も変わることでしょう」と言いました。言った本人にはおそらく深い意味はなかったのだと思うのですが、「環境や生活と、人間のあり方には関連がある」ということは、当たり前のことのように、でも、なんだか大切なことのように私には感じられました。その言葉は、その後長く私の心に留まり、北海道の暮らしの中で何度もくりかえし思い出され、考えさせられました。

北海道の生活には、日本の他の地域にはない楽しさや苦労があります。「北海道と本州はイギリスとオーストラリアのように言語以外は文化も風習も違う」と表現する人もいます。しかし、北海道の人たちにとって自分たちの生活は当たり前のものなので、それらをふだん言葉として意識していないことに私は気づきました。ですから、北海道に移り住んで10年になる私が、北海道の生活について本州との違いなどを解説するには適任なのかもしれません。そう言えば「本州」という言葉も、北海道に来るまでは使ったことなどありませんでした。北海道ではとてもよく使いますし、「北海道」「本州」を分ける考え方は生活の特徴を表現するときにぴったりです。

この章では北海道の生活について紹介し、また、北海道人について私がどのようにとらえているかを示したいと思います。そのことで次章で紹介する北海道に関連する人たちを、読者の皆さんがより深く理解できると考えたからです。

2 遭難もありうる北海道の生活

北海道はとても広いので、気候も地域によって大きく異なるのですが、特徴として共通しているのは冬の積雪寒冷です。道内ほぼ全域が豪雪地帯であり、道北・道東は寒さがとくに厳しいです。札幌市の気候は日本海型気候です。春から夏にかけては晴天の日が多く、湿度が低くさわやかです。北海道の4月はまだ寒いのですが、5月になると花がいっせいに咲きます。冬の間に蓄えていたエネルギーを空中に放出するかのように、ほんとうにいっときにいろいろな花が咲くのです。何気なく咲いている木の花も野の花もけなげな感じで、空気が澄んでいるせいもあるのかもしれませんが、その色は信じられないくらい鮮やかです。北海道の人は慣れていて気づかないようですが、せっかくなので、大切に感じて味わうほうがいいと思います。タンポポなども、北海道で咲いているものは品種が違うらしく、本州とは咲く時期も異なり、背が高いのが特徴です。風に揺れるさまが美しく、私は今でも自転車を停めて、しばし見惚れたりもします。

花の時期に美しいのはもちろんですが、それ以外の時期にも植物は美しく生きています。枯れたように見える冬の木の内部には力強いエネルギーが息づいていて、日の長さで春を知るらしく、ものすごく寒い2月にもぐいぐいと木の芽を出してくる様子には、ほんとうに感動を覚えます。

7月には日中蒸し暑い日もありますが、本州地方のような梅雨はなく、朝晩は寒く感じるほどです。東京から北海道へ転居するときに、扇風機を1つだけ持ってきました。毎年3日間くらい使用します。暑い夜に引っ張り出すのですが、すぐ邪魔になります。

北海道の季節には「冬」の次に「真冬」があります。11月には4時でも暗くなってしまって気分も沈みがちなのですが、2月には日差しが明るくなり、「長い冬も半分は過ぎたかな」と毎年思います。ちなみに、私は自分の名前に季節の漢字が入っているので、季節の名前を持つ人が気になり、生まれた月を聞いてしまったりするのですが、札幌で2月生まれの春美さんに出会ったときには、「北海道らしく春を待つ気持ちが名前に表れているな。なんと美しいお名前だろう」と感動しました。

寒い季節は長いのですが、家屋も暖房も寒冷地仕様なので室内は暖かいです。バス停でバスを待つ時間などはもちろん寒いのですが(積雪により道路が狭くなり、冬季はバスがよく遅れます)、1日の中で寒く感じる時間は東京よりも北海道のほうが短いです。暖かい地域にはやたら多い害虫が少ないことも魅力です。全体として札幌は暮らしやすいと感じます。

私は通勤に自転車を利用しています。といっても雪道は自転車では走れないので、雪の降らない季節だけです。春の道は、日陰では雪が凍りついていたり、日なたではドロドロにぬかるんでいたりします。年によって違いますが、４月の第２週頃から、ところどころ押しながらでも自転車に乗ります。10月、遅くとも11月には雪も降りますし、日あたりの悪い場所では道が凍ります。ただこの頃の雪は降ってもすぐ溶けるので、毎朝、天気予報を見たり、道の状態を見たりしながら、１日でも長く自転車に乗るようにしています。12月上旬になると降った雪が積もって凍るので、自転車通勤はいよいよ諦めます。つまり札幌では半年間は自転車に乗れないということです。半年しか使えない移動手段のせいか、北海道では自転車ユーザーが少ないようですし、自転車に乗ることができない人もいます。「車がないと買いものができなくて困る」と思う人は多いです。

北海道の道は本州の道と比べて幅広く感じますが、雪の降る時期になると除雪した雪を車道と歩道の間に積むので狭くなり、雪のない季節と同じようには通行できません。積まれた雪は、簡単に2メートルを超える高さになるので、車の運転者から歩行者が全く見えなくなり、危険です。そこで、冬の間に何度か排雪をします。排雪後は視界が開け、明るくなって気持ちいいのですが、すぐにまた積もって暗くなります。雪が凍ると坂道などは危ないので、夏の間にペットボトルに入れておいた砂を撒き、滑りにくくして通行します。

バスのダイヤも夏と冬とで異なるので、最初は驚きました。バスは天気によっては運行に時間がかかり、大幅に遅れることもあります。遅れないよう早くから行動するか、あるいは、遅れても困らないように調整しておくか、いずれにしても天候の影響があまりにも大きく、雪のない地域のように人間の都合による仕事中心の生活をするのは容易ではありません。アルバイトの求人なども、「冬に1時間以内で通勤できる人」のような条件を見ることがあり、移動の困難さを推し量ることができます。

北海道には「雪」の付く言葉がたくさんあります。「吹雪」「除雪」などの言葉が日本語にあるのは知っていました。が、「落雪」「融雪」などは私にとって新しい概念でした。札幌では「落雪注意」と書かれた看板を街の至るところで見ます。屋根から大量の雪が一度に落ち、人が深く埋まるのだそうです。子供が雪に埋まってしまい亡くなったという怖く悲しい話も聞きました。札幌に住んで数か月間は、「落雷注意」と読み間違えていて、「この街は雷が多いのだろうか」と考えていました。知らない現象や概念については頭に入りにくいということに、いまさらですが気づきました。

ある冬の日、帰宅しようとしたら吹雪でした。冬でも道民の足として頑張っているJRですが、こういった日には止まってしまいます。バスはいつ来るかわからないし、ふだんはたくさん並んでいるタクシーも1台もいません。そういった場合、並んででもタクシーを待つべきだったのですが、そのときの私は、歩いて帰ることを選んでしまったのでした。「たいした距離ではないし、道は続いている」と楽観的に考えました。今思えばその頃はまだ、吹雪の中を歩くことの危険を低く見積もっていたのだと思います。通勤路にしている北海道大学をいつものように徒歩で通り抜けようとしたところ、降雪で視界が真っ白になり、たちまち方角がわからなくなりました。

引き返そうにも道がないので、仕方なく前方と思われる方向に歩きました。普段は踏み固められている畑の中の小路が一面の雪。どこが道かわからず、ふかふかの雪に腰まで埋まってしまいました。泳ぐように歩きながら、「ここで倒れたら私の上に雪があっという間に降り積もり凍死して、朝まで発見されないだろう」と思いました。慣れた場所のはずなのに、歩いても歩いても見知ったところに出なくて、疲労で消耗し、しゃがみこみたくなりました。

ちょうどそこへ奇跡的にタクシーが通りかかり、運転手さんにレスキューされ、なんとか帰宅できたのですが、ほんとうに悲惨な体験でした。タクシーの運転手さんは「乗るんですか」と聞いてくれましたが、そんな場所で遭難している私を見て呆れたような声の調子でした。噂ではありますが、北大の敷地内での遭難は、数年に1件程度あるらしいです。

3　雪に負けない北海道人たち

北海道の生活はその気候から大きな影響を受けます。ただ、住宅などは断熱材や二重窓を使用しているので、室内はほんとうに快適で、本州の冬のそれよりも暖かいです。そうは言っても夜の間に1メートルほど雪が積もるのも普通ですので、一戸建ての場合は、家の戸を開けるために、また家屋から公道に出るためにしばしば除雪が必要です。そのため一戸建ての生活では雪かきグッズは欠かせず、たとえば「ママさんダンプ」という手押しタイプの大型ショベルが活躍します。電動除雪機を使用する家庭もあります。

この地方では、降雪の状況に応じて早朝に除雪車が走って除雪します。道から雪をどけるための自治体の負担は小さくなく、札幌市の道路除雪費と雪対策費とを合わせると約188億円（平成27年度）にもなります。雪対策というのは、たとえば排雪した雪を清掃工場の余熱で温められた水で融かすことなどを指します。

自治体の除雪は、幹線道路だけでなく生活道路にも行われますが、当然のことながらすべての道を網羅するわけではありません。生活をするにあたっては（人間が歩くためには）、どんな小さな道からも雪をどける必要があるので、自治体の除雪が入らないエリアは、町内会の費用で除雪をしたりするようです。そこで出た雪は個人所有の畑に捨てさせてもらうなどしています。冬季は畑を使用しないのですが、積まれた雪は春でも溶けにくく、大量の雪で畑が冷え、その部分は春の農作業が遅れるので、農家には負担がかかります。そのため町内会から少々の謝金が支払われたりするようです。

会社や施設などでは、「融雪槽」が用いられています。駐車場など敷地内の地下に設置され、中を流れる温水で雪を融かす仕組みになっています。燃費はかかりますし、雪を運んで投入口に落とす作業は必要ですが、ショベルで雪を上に跳ね上げるのに比べると断然楽ですし、雪が凍る前に処理できるので、いつも周囲は広々すっきり、便利な設備です。

雪を運んで河川敷に捨てたりもします。捨てられた雪は容易には溶けず、橋の下などの日蔭では8月になっても残っていたりします。

１９７２年に札幌周辺で開催された冬季オリンピックを契機に、道路や除雪方法が整備されました。それ以前は、馬そりで圧雪して道を付けたり、子供の通学にはスキーを用いたり、お父さんやお兄さんが先に「かんじき」で歩いて雪を踏み固めたりしたそうです。長い冬は雪に閉じ込められ寝て暮らすのが当たり前で、経済活動も停滞していたようですから、短期間に北海道の冬の生活はとても楽になりました。

この地の生活で雪の話をするときりがないのですが、私の日常生活では、道路が滑りやすくなるのがいちばん困ります。積もった雪が日中の日差しで少し溶けた際に、排水溝に雪が詰まって凍っていたりすると水が排水されません。溜まった水が夜に凍ると見事な氷面となります。通行量の多い道では踏み固められた雪が凸凹のままツルツルになり、とても歩きにくく危険です。秋に自転車に乗っていて、道が凍っているのに気づかず、ブレーキをかけた途端に滑って転倒。真冬、徒歩での通勤途中に何でもない場所で転倒。肋骨の骨折と手首の捻挫という被害でした。

当初、私の北海道での仕事は5年間の有期契約だったので、最初は賃貸住宅で暮らしていました。通勤時間は夏は自転車で15分、冬は地下鉄等で25分、保育園までも徒歩1分の便利で静かな場所に住むことができて、それだけでも幸せでした。２年後、子供が小学生になるとき、冬の夕方は暗いですし、雪道の移動があまりにも心配なので、小学校と児童会館の間に引っ越しをしました。自宅―小学校―放課後を過ごす児童会館の移動は、夏に大人が歩けばそれぞれ6、7分の距離なのですが、子供にとってはたいへんです。２年間の生活ですっかり札幌が好きになっていたので、中古マンションを購入し、現在に至っています。偶然住むことになった街を、こんなに好きになれた自分は幸せだと思います。

4 移動は飛行機で

北海道では、札幌オリンピックを機に空港や鉄道の整備が進み、観光産業が発展しました。夏は避暑やアウトドアレジャー、冬はスキー、スノーボード等が楽しめるほか、北海道でしか食べられない名産品、景勝や温泉の魅力もあり、多くの観光客が訪れます。2015年度には道外からは年間577万人、海外からは208万人の観光客が来道し、その数は過去最高を更新しました。背景としては、国際定期便の新規就航や増便、ビザ要件の緩和、免税制度の拡充、円安基調の継続などが挙げられます。台湾、中国、香港の他、タイ、韓国、シンガポール等からの来道者が多く、冬季にはオーストラリアからスキー客も多く来ます。台湾や香港など暖かい地域の人々にとっては、北海道は近場でありながらヨーロッパのような景色が楽しめるのも魅力のひとつになっているようです。なお、来道した外国人数は日本全体の訪日外国人旅行者の約1割でした。北海道の実力からすると、もっと多くの人に来てもらいたい気がします。

北海道への出入りには航空路の利用が一般的です。札幌の空の玄関口、新千歳空港へは東京(羽田・

成田）から多くの航空会社が参入しており、札幌と東京を移動する人員の多さは世界でも有数です。

北海道に来てから、国内線に搭乗する機会がとても増えました。北海道は日本の端にあるので、国内での移動のほとんどすべてにおいて、飛行機を利用することになります。速くて安い移動手段である飛行機ですが、冬には天候による運航の乱れが深刻です。新千歳空港は、比較的降雪の少ない地域に位置してはいるのですが、大雪の際は、風向きによっては滑走路閉鎖の事態となります。利用客の多い空港であるために、滑走路閉鎖による大幅遅延の影響が全国に波及することもあります。遅れるだけならまだしも、雪で運休になることもありますし、本州から北海道に戻る際に新千歳空港で着陸できなくて、空中でしばらく旋回した後、引き返したこともあります。

国際線ターミナルビルは２０１０年に新設されました。国際線は15都市へ運航されています（２０１7年1月現在）。アジア圏の北海道に対する関心は高く、既存路線の増便や新路線開設の動きが継続しています。新千歳空港の処理能力には拡張性があるそうなので、将来、路線がさらに増加されれば、世界をもっと近くに感じられるはずです。

5　私が見た北海道人

人は誰しも過去の経験の産物ですから、それまでにどのような体験をしてきたかを理解することはその人を理解することにつながります。もちろん北海道の経験といってもひと括りにできないのですが、それでも本州とは異なる傾向はあると思います。

学校というシステムでの子供たちの体験も本州とは異なります。たとえば北海道では中学校、高校とも1校しかない地域がそう珍しくなく、そういった地域では小学校から高校まで固定した人間関係のままで進学します。そんなときは「新しく出会った人と友達になる」ということに、ハードルの高さや苦手意識を持つことがあるようです。また、そのような状況では高校受験という競争の仕組みが働かないために勉強する動機付けが困難で、学習の習慣が身に付かないまま大人になる人もいます。そういった地域では同様に、大学も専門学校も通える範囲にはなく、進学を希望すれば、札幌や旭川、あるいは本州に単身で進学することになり、経済的な負担は大きいです。

修学旅行以外では北海道を出たことがないという人はけっこういます。他の地域との違いに気づかず、北海道のやり方こそがスタンダードだと無意識に考えている人も多いように思います。北海道人は北海道は暮らしやすいところだと認識しているようで、就職先を検討するときなどにも地元志向は見られ、道内で就職したいという気持ちが強いように感じます。

東京で北海道出身の人に会うと、我慢強かったり努力家だったりする人が多いですが、それは北海道人の一般的な気質ではありません。私は、大学教員として卒業生の就職を見てきましたが、新卒で東京に「打って出る」人は、自分に自信があり、しかもいま以上に努力する気力のある人たちです。卒業生を対象とする研修の仕事をしばらくしたことがあるのですが、東京で就職した人たちは、卒業後数か月の間にほぼ全員が痩せており、集中力の感じられる引き締まった人相に変化していました。そんな卒業生の頑張っている毎日を頼もしく感じると同時に、東京での仕事の厳しさを心配したりもしました。

雪が与える北海道の生活への影響はあまりにも大きく、夏という季節は、まるで冬の準備のためにあるかのように私には感じられるときがあります。こちらの人たちは年中雪のことを気にしていて、「雪が溶けたらすぐにこれをしよう」「夏の間にこの仕事を終わらせてしまおう」というような考え方を日常的にしています。ちなみに、こちらで「夏」というのは、だいたい5月～10月の「雪のない季節」を指すことが多く、本州で言う「夏」とは異なるので注意が必要です。

北海道は人口密度が少ないこともあるのか、マイペースな行動が許容されやすいというか、自分らしく振舞いやすいという表現もよくされます。思っていることを気軽に口に出す人が多く、良くも悪くも裏表がないというのは私も経験してきました。

北海道人について率直な表現をしてきましたが、私は北海道の人たちが大好きです。面倒なことをあまり考えず深読みしない点、歴史の浅い土地柄であるせいか新参者への抵抗感は薄い点などを好ましく感じます。

北海道の人たちは暑がりで、夏になり気温が上がるとすぐに半袖を着ます。「蒸し暑いね」と愚痴りながら、気温を確認すると25度でしたので、「私もすっかり北海道人の体になってしまった」となにやらおかしく、そして少しうれしく感じています（実は北海道の人たちは、寒がりでもあります）。

第2章　北海道出身・北海道在住7人の国際人

青年海外協力隊を経て38歳で看護師へ転身
シルベスター典子さん

「新しいものを取り入れたいし、これまでに自分が培ってきたことを大切にしたいとも思っています。たぶん、バランスが大事なのだと思います」

1977年、北海道札幌市生まれ。藤女子短期大学卒業後、北海道大学文学部に3年次編入学する。2000年卒業。2007年から2年間、青年海外協力隊に村落開発普及員として参加（任国：ベリーズ）。2010年4月札幌市立大学看護学部入学、2016年3月卒業。2016年4月、札幌市内の民間病院に看護師として就職する。家族はニュージーランド人の夫と子供2人。

【キーワード】
ベリーズ（Belize）
人口　36万人
面積　2・3万平方キロ（日本の0・06倍）
首都　ベルモパン
1人当たりGDP　4831ドル
在留日本人数　46人
在日ベリーズ人　13人

シルベスター典子さんは札幌の出身です。札幌は石狩平野の南西部に位置し、明治2年（1869年）に開拓使という官庁が設置された場所です。北海道の開拓はそこから始まり、その後、北方警備を兼任する屯田兵が入植し、進展しました。遠大な札幌建設計画に基づいて原野や森林を拓き、鉄道を敷き、産業を興したのです。多くの人の願いと努力を基に札幌市は発展し、現在では人口190万人を超える全国5番目の都市に成長しています。

「不毛の大地」と呼ばれていた開拓時代の北海道はどれほど寒かったことでしょう。川の水が冷たすぎたりして、本州で作られる米や野菜を生産することは容易でなかったのですが、品種改良や農業技術の改善を重ね、現在では「日本の食料基地」と呼ばれるほど豊かな地域となりました。北海道のおいしいお米や野菜が私は大好きです。

平成27米穀年度（平成26年11月～27年10月：おもに26年産米の消費期間）のデータによる北海道米の道内食率は88％と言われ、学校給食やレストランでも地産地消は定着している感があります。もし身近に北海道人がいたら、北海道米の銘柄を聞いてみてください。「ななつぼし」「ふっくりんこ」など、何種類か言える人が多いと思います。娘は小学1年生のときに、学校の授業で先生から「北海道のお米を知っている人」と質問され、何種類ものお米のブランドを答えることができました。

娘が小さかった頃に、坪谷京子著『さっぽろむかしあったとさ』（共同文化社）という子供向けの本を手にして、札幌の歴史を知りました。道も畑も田んぼも電気も何もない当時の北海道に入植し、その開拓をした屯田兵や入植者の方々には感謝と尊敬の念を抱いています。

シルベスターさんと私は、札幌市立大学の学生と教員として出会いました。卒業研究では在札幌ムスリム女性が出産のために入院した時の体験について調査し、素晴らしい知見をまとめました。やるべきことに手を抜かず、しかも周囲の人には寛容で、他の模範となるような学生でした。いつも楽しそうに新しいことに取り組む彼女は、ちょっと懐かしい表現ですが、私にとってのハンサムウーマンです。もしかすると当時の開拓者精神を受け継いでいるのかもしれません。

◎協力隊参加までの経緯

高校2年の夏から10か月間、アメリカに留学しました。そのときに聾唖のフィンランド人の女の子と友達になりました。その子のホストファミリーは手話のできるアメリカ人で、高校へは手話通訳ボランティアを同伴して授業を受けていました。どのように英語を学ぶのか聞いたところ、「あなたたちが耳で聞いて習うのと同じ」という答えが返ってきました。耳が聞こえないことは周囲から見るとハンデなのですが、本人はそうは思っていないことがすごいと感じました。ただ普通に習いたいことを習っているのが新鮮で、勇気があるなとも思いました。

帰国して、青年海外協力隊のことを偶然知りました。ＪＩＣＡ（ジャイカ＝現、独立行政法人海外協力機構）の青年海外協力隊というのは日本国政府が実施している海外ボランティアの一つで、現地の人と同じ言葉を話し、同じものを食べたりしながら、そこでの国づくり、人づくりに貢献する事業です。異文化の中で生活する楽しさや、世界の人たちとの出会いに期待感があり、いつか知識や技術を身に付け、協力隊に参加して世界に貢献したいと思うようになりました。

留学から帰国した直後に進路選択をしなければならず、高校から推薦を受けて受験することができるという理由で短大に進んでいたのですが、青年海外協力隊の募集要件の多くが大学卒業を必須としていること、働く前にもう少し学業を続けたいと思ったことから、大学への進学を考え、北海道大学に編入学しました。

たくさん学ぶことができ、大学生活は充実していました。それでも、同級生たちが学部3年生の終わり頃から就職活動をしている中、「自分は何のために大学に来たのだろう」と考えてしまっていて、就職の準備をする気がしませんでした。アルバイトでお金を貯めて親を説得し、大学卒業後は半年ほど東南アジアを旅行しました。

旅行中は田舎を中心に行動したので、観光旅行では体験できないような現地の人との交流や、義足を付けたバックパッカーなど多様な旅人との出会いがありました。人々の生活の様子から社会の貧富の差を知り、旅先で病気になったときには途上国、とくに田舎の医療不足を思い知りました。カンボジアでは戦争の爪痕に怖さを感じました。さまざまな場所での自然の美しさ、海が好きなのでとくにビーチの美しさが印象に残りました。

帰国後は、貿易会社やテレマーケティングの会社など、３つの会社の営業部で働きました。機械等の輸入に携わる仕事では、少しですが得意としていた英語も活かせました。営業の仕事は楽しかったし、つきあっているニュージーランド人の彼もいて、傍から見れば順調な生活でした。

でも、何かもの足りない気がして、「このままでいいのだろうか」と考えることがありました。とくに彼とは、将来についての考え方が合わないことがわかってきて、どうしてもそこが気になり、なんとなく心が離れていきました。「人生をもっと自分で切り開いていきたい」という気持ちから、かねてより考えていた協力隊への応募を決めました。30歳でした。

◎ベリーズでの仕事

青年海外協力隊で派遣されたのは、ベリーズというカリブ海に面した中央アメリカの小さな国でした。１９８１年にイギリスから独立し、面積は四国ほどで人口は30万人程度の国です。住民はメスティーソ（白人と先住民の混血）、クレオール（アフリカ系黒人）、マヤ族等、多民族で構成され、言語も公用語の英語の他、スペイン語、クレオール語、マヤ語など数多く使われています。国土の大半は熱帯雨林の原生林ですが、海岸地域や離島は美しい海と珊瑚礁のあるリゾート地として知られます。私は、村落開発普及員として海辺の町に派遣され、マヤ族の女性グループの民芸品店運営を支援することになりました。

マヤ族の多くは村に住み、トウモロコシと豆を栽培し、それを主食として自家消費していました。いわゆる自給自足の生活ですので、食べものにはお金はかかりません。しかし、病院を受診するには現金が必要ですし、学費は無料ですが、支度を整えたりするのにはお金がかかります。自給自足とはいえ、生活にはやはり現金が必要なんです。そのためマヤ族の女性たちは民芸品を制作し、マリンスポーツや遺跡見物の観光客を対象に販売していました。ヤシの葉で作った籠などを売る店を、各村の女性たちが共同で運営していました。

彼女たちはもっと現金収入を増やすため、この民芸品店に加えてマヤ料理を提供するレストランも運営したいと強く希望していました。私はそれを実現するための情報を集め、企画書作りを手伝い、アメリカ、ヨーロッパ、台湾などのＮＧＯやボランティア等各団体との連絡を取りながら、このレストラン立ち上げのサポートをしました。

彼女たちは本業である農業の他に家事や育児をしていて多忙でしたし、また、交通手段であるバスは週に４本しか運行していないため、活動は滞りがちでした。村から町へ行くだけでも容易ではないんです。こんな状況ですから、小さなこと一つでも前進するためにはたいへん時間がかかりましたが、ついにはレストランを立ち上げることができました。マヤ族の女性たちが書いた企画書が認められ、ヨーロッパの団体から資金を得ることができたのです。

このときは、アメリカ合衆国から派遣されたボランティアであるピースコープの隊員とも協働しました。アメリカ、ヨーロッパ、台湾などのＮＧＯやボランティアとの連携が、成果につながったひとつの要因だと思います。マヤ人だけで事業を進めるのは難しいので、外国の援助団体間で情報交換をし、誰かしらが彼女たちを継続して支援できるようにそれぞれ活動を調整しました。

そして何よりこの女性たちが学習熱心であったことが成果を産出した最大の要因でしょう。彼女たちが文字の読み書きを習い、自身の手で在庫帳簿をつけるようになったのを見て、私は感動しました。諦めず努力する姿にはいつも勇気づけられました。彼女たちとたくさんのことを話しあい、励ましあい、一緒に笑ったり泣いたりしながら活動しました。2年間という限られた派遣期間で「これをやった」と言えるだけの成果は出せたと感じています。

◎ベリーズでの暮らし

協力隊員として赴任して、その地域の文化に慣れるまでには苦労がありました。それまでも留学などで海外の人と関わった経験があったので、「一方的な態度を取らない」「周囲の様子を観察してから自分の行動を決める」というような、異文化の中での行動の仕方は自分なりに実行していました。そんな私でも、時計があってもないような仕事の仕方には驚きました。

私は時間通りに行動するのですが、他の人は約束の時間から2時間遅れたりします。携帯電話もまだ十分には普及していなかったので、「連絡が取れないのでとりあえず待つ」というようなことがよくありました。多くの人がベリージアンタイムで生活をしているため、何もかもが遅れがちなのですが、現地でも一部の人たちはビジネスルールに対応した社会にしたいと思っていて、約束の時間通りに来たりします。その人たちと話をしたりしながら揃うのを待つのですが、待た

されている参加者への対応に気を使うこともありました。

ベリーズは医療事情もよくありませんでした。医療者が現地語を話さず、患者さんと話もできないというのは衝撃的でした。国内に医学部がないため、キューバ人、ナイジェリア人など外国人の医師が多いためです。看護師が通訳する場面をよく見かけました。公営病院は古く、レントゲンの機械はあっても診断には信用できない部分がありました。

熱帯のベリーズには危険な虫が多いのですが、自分の住んでいた部屋にはサソリも出ました。サソリには毒針があるので、有害生物の代表のように考えられていますが、ベリーズにいるサソリは、刺されても命に関わることはないようです。でも、刺されれば発熱したり腫れたりしてたいへんです。見つければ叩いて殺しました。大きな毒グモやアリも部屋にはいましたが、見ないようにしていました。

虫刺されで脚が腫れて動けないくらい具合が悪くなったことがあるのですが、住んでいる地域の病院には行きたくなかったので、まず日本の医療者にメールで相談し、飛行機で首都のベルモパンに行って受診しました。数日間の薬による治療で治って、ほんとうに良かったです。

配属された地域は市部で、一般に電気は普及していましたが、停電は多かったです。とくに、6～9月はカリブ海特有の激しい雨が集中して降りつづくと停電になります。そして、電気が止まるとポンプが動かず、給水も止まります。そこで、雨が降りだしたらバケツを置いて雨水を貯めるようにしていました。また、雨が降れば道路はぬかるみ、歩けないほどになるので、生活のどんなことにもさらに時間がかかります。

ものは豊かではないですが、生活必需品は問題なく手に入ります。種類などもちろんありません。でも、選択しなくてよいからかえって楽だと私は思っていました。停電のときは何もしないのがいちばんです。不便といえば不便だけど、何かしようとしなければ、なんということはないです。欲がなくなるような感覚でした。飲み水は安定して得られる地域でしたので、それ以上のことはそれほど望みませんでした。日中はかなり暑く、湿度も高いので、断水で何日もシャワーが使えないときには、海に入ったりしました。生活が海と共にあり、毎日がリゾートのような気分にもなりました。夕方は海風が気持ちよかったです。

村の人との付きあいも楽しみました。ベリーズの人は日本人、台湾人、中国人は皆「チャイニー」

と呼びます。日本の人が中南米の国のことを知らないのと同様に、ベリーズの人々にとっては、日本も台湾も「チャイナ」です。そう呼ばれることも気にはなりませんでした。

ベリーズでは一般に、人間関係が親密です。困ったら助けあうのが普通なので、近所の子供が私のところに来て、「チャイニー、小麦粉ちょうだい」などと言うこともありました。

マヤの家族は子供の人数が多い傾向にあります。病院が遠いこともあり、「子供の熱が出たから薬ちょうだい」「けがをしたから薬ちょうだい」とよく頼られました。持参していた解熱剤や絆創膏をあげたり、「病院に行ったら？」とアドバイスしたこともありました。そんなとき、私にもっと知識があったらいいなと思いました。

生活をしていた町の南部はジャングルでしたが、西部には平原が広がっており、放牧地帯に牛がいて、北海道の十勝を思い出しました。もともと田舎が好きなので、このようなベリーズの生活は楽しかったです。ほんとうに多くの人に出会い、支えられた生活でした。

金額はわずかであっても、ベリーズの女性たちが自分たちの手で生み出した収入は、間違いなく彼女たちの自信につながりました。「現金を得る」という彼女たちの夢を支援し実現できたことは私の誇りです。しかし、現金収入が生まれたことで、それまでの自給自足のスタイルが崩れる部分があることもまた事実なのです。現金のために働くことで、本来の仕事であった農業に十分な時間を配分することができず、自家消費に必要な量が収穫できないこともありました。食べものを購入するために働くことになり、家族の時間など失うものもあるように見えました。

「帰ったら何をしよう」。任期終了が近づくにつれて、私はまた悩みました。そんな中、海外の医療者との出会いもあり、将来の進路として医療職に関心を持っている自分に気づきました。ベリーズにはナイジェリア人の看護師もいて、「医療者は世界のどこでも働ける、看護の仕事はいいよ」と言ってくれました。それまでは、人の体に関わるなんて怖いことだと思っていましたし、自分のこととして考える機会はありませんでした。でも、世界のどこにいても健康は大事なことなので、それを支援する医療者になるのもいいなと初めて思いました。「30歳、40歳になってから看護師になることに挑戦する人も多い」と日本にいる親も賛成してくれました。

２００９年6月に帰国して進路を探しました。「年度内に合格できたら看護師になろう、できなかったらやめよう」、そう思って大学入試センター試験の準備を始めました。学費の安い国公立大学の進学を希望しましたが、自宅から通える国公立大学は2つしかありません。社会人入試を受験したところ、高倍率でしたが、合格しました。こうして、札幌市立大学看護学部に通い、看護師を目指すことになりました。そのとき私は32歳でした。

◎2度目の大学生活

帰国後しばらくして、協力隊に参加する前に付きあっていた彼と復縁しました。

以前は「結婚生活とは、夫になる人がサラリーマンなど普通に働いて、普通に子供がいるもの」と考え、いわゆる平均的な家庭を「幸せ」ととらえていたような気がします。協力隊に参加して外国で活動し、人生や世界に関する私の考え方が広がったことがその後の生き方に影響したと思います。幸せの形はさまざまであって、それはその人の自由というふうに考えるようになりました。彼は自分の好きなこと、サーフィンとスノーボードに打ち込むための時間を大切にしていて、仕事は2番という生き方ですが、それも理解できるようになりました。協力隊の赴任中、彼とは時間も距離もあけたことで、お互いの良さを再認識したように思います。

大学1年生のときに妊娠して結婚したので、2年生は途中で休学して出産することになりました。今後ずっと看護師として働くことを考えると、働いてから出産するより、在学中に産むほうがよいかもしれないと思っていましたので、休学がマイナスだとは考えませんでした。医学部に行っている友達には、勉強にお金がかかるので、いったん休学して働いてから戻ってきた人もいます。ベリーズにも妊娠してから大学に行く人がいました。「子育てしながらの勉強は難しいかもしれないけど、できないこともない。工夫してそれを可能にすればいい」と思いました。最終的には大学には6年間在籍し、子供を2人出産しました。

とはいえ、看護師になるための勉強はたいへんです。育児で自分の時間が極端に少ないこともあって、きつく感じるときもありました。とくに実習中などは通常の授業のときよりも朝は早く起きますし、子供が寝てから勉強するので寝る時間が遅くなって、睡眠不足になりました。

でもたいへんなのは自分だけではないですから。先生たちだってたいへんです。朝は学生より早く来ているし、育児中の先生もたくさんいます。社会人のとき、後輩が入ってくると仕事を教えるという経験はしていましたので、教えることのたいへんさはわかります。自分でやれば早いことも、それを誰かに教えるためには相手の理解や行動を待たなくてはなりません。また、実習グループの中には家の遠い学生もいて、それぞれに頑張っていました。

こうした人たちと励ましあって勉強できたことは良かったです。育児しながら通学する私にとっては最大の難関である実習も、環境に恵まれ、いろいろな人に支えられて、続けられました。育児と勉強の両立は、もちろんたいへんではありますが、働きながらの育児に比べると調整しやすい面もあります。学生は社会人と違って長期休暇もありますので、なんとか頑張れました。

またこれも1年生のときなんですが、「国際協力・ボランティアを考える会AMIGO」という学生サークルを大学に設立しました。「AMIGO」というのはスペイン語で「友達」のことです。元青年海外協力隊の学生がもう1人いたので、協力して始動しました。このサークルでは、大学に来た外国のお客様の歓迎パーティを企画したり、学生の国際交流の機会を作ったりしました。また、大学祭等の機会には、青年海外協力隊の活動のパネルをJICAから借りて展示し、世界の状況を学内外の多くの人に伝えました。そういった活動が認められ、卒業式の日に学長奨励賞をいただきました。

「大学生活でやり残したことがない」というのが私の自慢です。勉強もほんとうにたくさんしました。休学したので、下の学年の人とも同級生になることができ、友達は3学年分できました。

◎看護師なら日本以外でも働ける

「北海道看護職員養成修学資金」という北海道内の看護職員の充足を図るための制度があり、定められた医療施設に就職し、引きつづき5年間就業すれば返還免除になります。私はこれを利用することにしました。その他、就職予定の病院から奨学金をいただきました。これも一定期間働けば返還免除となります。

大学に入学した当初は、貯金でなんとか足りると思ったのですが、家族が増え、就学期間が長くなると、生活費に余裕がなくなりました。夫の親に会うために家族でニュージーランドへ行くこともあり、国際家族ならではの出費もあります。学年が進むにつれて、育児をしながら勉強するなら、アルバイトの時間はあまり取れないだろうと予測できていました。夫は英語の教師なので、仕事を増やせば収入も増えます。でも、家族で暮らす時間を大切にしたいという思いがあり、仕事を増やすことで私や夫の収入を増やすのではなく、奨学金を借りるという方法を採りました。

1年生のときから就職説明会に出席しました。多くの病院が集まる就職説明会で、将来の就職に向けて広く情報収集しながら、学生に奨学金を支給する札幌市内の病院の情報にも気を配りました。そこでは、病院が学生に対し、福利厚生など職場としての病院をアピールしていて、とても驚きました。一般の大学の就職活動では、自分をどうアピールするかを考えるのが普通だったのに、看護師という仕事は社会から必要とされているんだなあと改めて思いました。

奨学金の返還免除のため、5年間は定められた医療施設に就業しなければいけませんが、5年という期間は一つの病院で看護師として頑張るのにちょうどよいのではないかと思います。しっかり技術を身に着けたいと思っています。そのあとは日本にいるかどうかわかりません。２人の子供の教育については、今はまだ情報収集している段階です。看護師としての知識技術が備わったら世界に貢献したいという気持ちがありますが、家族のことを考えながら、次のステップを選びたいです。

日本の看護師免許は、そのままの形では世界では使えません。でも、他国の看護師資格を有する外国人に対して、優遇措置によってその国の看護師資格を発給する国があり、ニュージーランドもその一つです。看護師はニュージーランド移民局が求める不足職業の一つであるため、日本の大学で看護師資格を取得している場合は、英語の試験に合格するとニュージーランド看護協会へ登録申請ができるようです。ニュージーランドで看護師として働くことも視野に入れながら、新人看護師として目の前のことに全力で取り組みたいと思っています。

これからも見聞を広めることを忘れず、新しいものを取り入れたいし、これまでに自分が培ってきたことを大切にしたいとも思っています。たぶん、バランスが大事なのだと思います。

看護師としてのスタートが遅いので、その「選手生命」は短いけれど、それでもまだ20年間あります。さまざまな人と関わって、「健康で幸せでありたい」という世界中の人々の共通の願いを、自分なりに支援したいと思っています。

ベリーズから帰国したシルベスターさんは、多くの選択肢の中から、看護師という進路を選びました。協力隊員として世界での経験を経たシルベスターさんが、この職業を選んだことを、看護師の先輩として誇らしく思います。楽しそうに継続される努力に敬意を感じます。シルベスターさんらしく、今後も世界に関わられることを応援したいです。

2015年にアメリカ図書館協会シュナイダー・ファミリーブック賞（Best Children's Book）を受賞した、『ジャガーとのやくそく』（あかね書房）は、ベリーズを舞台にした実話です。動物学者であるアラン・ラビノヴィッツが動物たちとの約束を守り、世界で初めてのジャガーの保護区を作ったのがベリーズでした。ジャガーが住む太く大きな木がたくさんあり昼なお暗いジャングルが、深い色彩で描かれています。シルベスターさんとの出会いが、大人の絵本としても有名なこのすてきな絵本との出会いにもつながりました。

札幌で手探りのうちに始めた店が いまや東京一等地の有名店

アズミ洋子さん

「北海道と東京とイランを行き来して人と人とをつなぎたい。自分を育ててくれたところと支えてくれた方々への感謝の気持ちを、娘たちにも伝えたいです」

1967年生まれ。札幌南高等学校、東京都立医療技術短期大学看護学科卒。虎ノ門病院勤務。その後、結婚、札幌に戻り、1996年、ペルシャンルーム（Persian Room）開設。自宅を開放してイランの伝統と文化を紹介。1998年、有限会社ペルシャンギャラリー(Persian Gallary)設立。専務取締役就任。2001年、東京に戻り六本木店、銀座店を経て、2009年、帝国ホテルプラザ店オープン、現在に至る。イラン人の夫と3人の娘がいる。

【キーワード】
イラン・イスラム共和国（Islamic Republic of Iran)
人口　7911万人
面積　164・8万平方キロ（日本の4・36倍）
首都　テヘラン
1人当たりGDP　5443ドル
在留日本人数　622人
在日イラン人　3992人

アズミ洋子さんは札幌市生まれ。彼女が小・中・高と多感な時期を過ごした南区は1972年に開催された札幌冬季オリンピックの会場として知られる真駒内を擁し、オリンピックの施設や選手村の建物が町のあちらこちらに残され、五輪のマークを目にすることも少なくありません。

アズミさんは現在、東京で夫のアバス・アズミさんと一緒にペルシャ絨毯（じゅうたん）を輸入販売する会社を経営されています。ペルシャ絨毯とは、かつてペルシャと呼ばれていた現在のイラン周辺で生産されつづけてきた絨毯の総称で、ペルシャ文化を代表する極めてすぐれた美術工芸品のひとつです。往時、ペルシャ地域には強大な王朝が続いたため、広く富が集められました。ペルシャ絨毯はその代表で、すぐれたデザインとモチーフで人気が高く、歴代の王朝で愛され保護されて発展しました。世界各国の美術館や首相官邸などには、金や貴石が使用された大がかりなものが所蔵されているそうです。その文化はシルクロードを通って日本にも伝えられ、現在の日本の芸術にも影響を与えました。

アズミさんご夫婦には3人の娘さんがいますが、お父さんともとても仲がいいそうで、国際家族という共通点のある私は、そこにも個人的な興味があります。

私が初めてアズミさんにお会いしたのは札幌でした。彼女がお墓参りのために札幌を訪れたときに、幸運にも取材することができました。絨毯の優美なデザインとその深い色のお話をうかがえるだろうと思っていたのですが、意外なことに彼女は元看護師で、健康と癒しの話で盛り上がることになりました。

ペルシャ絨毯はお正月の数日間だけ、その日のお客様のためだけに広げるものではなく、本来は家族が生活の中で毎日使うもの。日本で個人に所有されているペルシャ絨毯のほとんどが、押入れの中に丸めて収納されていることを憂いていたのが印象的でした。「ペルシャ絨毯を日常的に使うようなライフスタイルを伝えたい」とアズミさんは語っていました。その日は8月7日、北海道では七夕を旧暦で祝うので、待ち合わせをしたホテルのロビーには笹が飾られ、人々の願いを乗せた色とりどりの短冊が揺れていました。

2度目には、アズミさんのお店「ペルシャンギャラリー」でお会いしました。お店のある帝国ホテルプラザには、誰もが知っている国際ブランドが多数、テナントとして入っていました。プラザ全体に美しいもの、希少なものが展示され、空気まで日常とは異なって感じられました。テレビでも「極上のお宝」として紹介されたペルシャ絨毯とペルシャの美術工芸品に満ち溢れた店内で、お話を伺いました。

◎札幌からのスタート

東京の大病院で看護師をしていたときに、イラン人の夫と知りあい、結婚しました。長女の妊娠中、切迫流産で安静にしなくてはならなくなりました。好きな仕事でしたし、マタニティユニフォームを着るのが憧れだったので残念でしたが、お腹の子の命には替えられないので看護師を辞め、ペルシャ絨毯を扱う仕事を夫と共にすることにしました。夫には将来子供たちが、「お父さんのお仕事は？」と聞かれたときに、「イランの伝統と文化を伝えるお仕事」と胸を張って言えるようになりたいという思いがあったのです。

商売を始めた頃は、資金繰りや経理のことなど何もわからなくてたいへんでした。切迫流産の治療のため自宅で安静にする期間を利用して、通信教育で簿記の勉強をしました。パソコンもなく手書きの時代で、会計事務所の方に教えてもらいながら、貸借対照表や決算書の書き方など必要に迫られて覚えました。人に頼んでもよいのでしょうが、「自分でやれば経費の節約になるし、お金の流れも把握できる」と考えて頑張りました。夫は絨毯に集中し、その他のすべてを、たとえばお客様とのやりとりなど細かいことも含めて私が担当しています。

まず自分の故郷の人々に伝えたいと考え、29歳のときに一大決心をして、家族を連れ、札幌に戻ってきました。ノウハウのないところからのスタートです。父には「札幌でペルシャ絨毯など売れるわけがない」と言われました。

その頃の札幌では絨毯の商売が成り立つかどうかという以前に、国際結婚をしていると住宅が借りにくいという問題がありました。「故郷でこんな目にあうなんて」と悲しくなりましたし、札幌は当時から国際都市と言われていただけに残念でした。不動産屋さんと話をしても先に進まず、気分を変えようと、大好きだった中島公園の周辺を夫と二人で歩いてみました。ここは札幌市立の美しい都市公園で、結婚式場として市民に愛されてきた豊平館（重要文化財）などの施設があります。歩いていると、中島公園を庭とするようなマンションがあり、「こんなところに住みたいね」という話になり、思い切ってそこに部屋を借りられないか聞いてみることにしました。

なぜそんな気になったのか、今、思い起こしても不思議なのですが、部屋探しをしていたときに出会った近所の方や管理人さんとのよいご縁があり、「使われていない部屋に心あたりがある。賃貸の意向はないようだけど、聞いてみてあげる」と交渉してくれました。家賃は東京並みに高かったのですが、両親の信頼を得ることにつながると思い、借りることに決めました。このマンションでは車椅子での出入りも容易だったので、当時、入院中だった私の祖父母も曾孫との時間を過ごすこともできました。

◎ペルシャ絨毯とイランの文化を伝える日々が始まった

あるとき、某ホテルの「ペルシャ絨毯展」と掲げられた展示会に行ってみると、本物のペルシャ絨毯が1枚もないという実に悲しい思いをしました。「札幌にはペルシャ絨毯の情報がなさすぎる、これはもっと発信しなければ」、そう思いました。

そこで、まずは絨毯を自宅に敷き、イラン風のライフスタイルで実際にペルシャ絨毯がどう使われるのか見てもらうことにしました。出発点であるこの場所を、私たちは「ペルシャンルーム」と名付けました。住居専用の閑静なマンションでしたので、お店のような看板を出すことはできません。イランの文化と絨毯を口伝えでいらっしゃった方に紹介したり、フリーマーケットに出店したりして、絨毯やイランの工芸品を販売しました。札幌市南区の「札幌芸術の森」にある「アートマーケット」というアーティストたちが作品を出店・販売するイベントに参加して、ペルシャングラスやペルシャ更紗などを紹介しました。

あるとき、ペルシャンルームのことを新聞が取り上げてくれました。それを見てこれまでとはまた違った人たちが少しずつ、友人の家を訪問する感覚で来てくれるようになりました。

最初は販売も手探りでした。「一般的にはこうだよね」と言って、私たちを試してくるようなこともありました。あるとき、シルクの絨毯を探して来店されたお客様がいらっしゃいました。なぜペルシャ絨毯が欲しいのか、どういうところで使いたいのかをお聞きするうちに、私にはどうしてもその方のイメージにシルクが適しているとは思えなくなったのです。「ウールはどうですか」と言うと、「え、ウール？　私はシルクを買いに来たのに」と、面白くないのが表情にも見てとれました。でも、絨毯を使う生活の良さをほんとうにわかってもらいたいから、絨毯についての情報をお伝えしながら私なりに提案をしてきました。

お客様が店頭で語られた希望だけを聞いて、こちらも商品のいいところだけ言うような販売の仕方ではなく、その方のライフスタイルをまずは遠慮なくお聞きして、どのような絨毯がその方の生活に合っているかを一緒に考えて提案するという姿勢は、札幌にいたときに経験から得たものです。その頃のお客様方とは今でも家族ぐるみでおつきあいさせていただいています。お互いの言いたいことをきっちりと言いあえた方とは信頼関係ができていくので、この考え方は間違っていないんだと思っています。

今となっては笑い話ですが、本気でけんかに近い会話になったこともあります。「どのように使うのか」、ライフスタイルに合わせて絨毯を選定することに、私は妥協しません。もちろん最後に決めるのはお客様ですが、ダイニングテーブルの下で使うならウールのほうがより適しています。シルクの艶や華やかさは魅力ですが、それなりのお手入れが必要です。食べこぼしで汚れたら困るので、「ここでは食べないで」と皆に言うことになってしまいます。その点、ウールはそもそも汚れにくい性質があり、目が詰まっていれば汚れが中に入りにくいのです。

フローリングの上に敷き、そこに寝ころんでくつろぎたいという場合も、やはり弾力性があり心地よいウールがお勧めです。シルクにはクッション性がないので、座るとなれば座布団が必要になりますよね。

札幌時代は、イランの伝統と文化を伝えるために、私立高校の国際理解の授業やカルチャーセンター、区のシルバーセミナーの講師もしました。こうしたボランティア活動を通して、周囲の人ひとりひとりとの関係を紡ぎました。若く、まだ知名度も何にもない自分たちをさらけだし、絨毯の仕事以前に人間として信頼していただくことに努めました。

１９９８年４月、２人目の子の妊婦健診のために病院に行く途中で、ふと目に付いた店舗物件を見つけたのでそこを借り、それをきっかけに会社登記をしました。有限会社ペルシャンギャラリーの誕生です。7月にオープンしました。

札幌には5年いました。札幌の雰囲気や雪の降る気候は、夫の出身地であるテヘランに似ています。とはいえ、札幌ではイラン人へ行き来するには不便で、イラン人コミュニティもなく、また東京から遠いことにビジネス上の悩みもあり、六本木に引越しました。その後、銀座店を経営しているときに、地道にやってきた実績が認められたのか、帝国ホテルプラザから出店のオファーをいただきました。こちらは大企業ではないし、実力が伴わないような気がして気持ちを決めるのは容易ではなかったのですが、できるだけのことに挑戦してみようと考え、2009年、ペルシャンギャラリー帝国ホテルプラザ店をオープンし、現在に至ります。

◎ペルシャ絨毯の特徴

手織りのペルシャ絨毯は、文字通りほんとうに全部手作業で、手間と時間をかけて作られます。簡単に説明しますと、以下のような工程で製作されます。

1 デザインを考えて紙に起こす
2 方眼紙に下絵を描く
3 色を決める
4 糸を選び量を計算し染める
5 下絵を見ながら糸を結んで切って叩いて締めながら織る

6　織りあがった絨毯を洗う
7　干す
8　裏の無駄毛をバーナーで焼く
9　表面を均一にカットする

熟練した職人たちがそれぞれの工程で精魂込めて作業します。4の染めの作業では、深みのある色とツヤを出すのに何十回と染めるものもあります。最も時間がかかるのは5の糸を結ぶところです。力加減を揃えて丁寧に結ぶという、単調で集中力の必要な作業が毎日長時間、数か月の間、ときには数年も続きます。結び目のひとつが緩んでも図形にゆがみが出ますので、目の揃った美しい絨毯を仕上げるには結ぶ作業のひとつひとつが真剣勝負です。こうした工程によりますので、当然、全部一点ものとなります。

柄が似ている機械織りのカーペットも流通していますが、手織りの絨毯と機械織りのカーペットとでは全くの別物です。機械の針で糸を刺す機械織りのものなら1日に何枚でも作ることができます。糸は結ぶのではなく裏で糊付けして固定するだけなので、手で引っ張ると抜けますし、破れたら修理はできないので使い捨てです。一方、手織りの絨毯は作るのに時間はかかりますが、クリーニングも修理もできるので、何十年も使うことができます。家よりも長持ちするのも当たり前で、イランでは実際に何代も引き継がれて使われています。日本でいうと高級な家具のようなイメージでしょうか。

絨毯で床を覆うことによって住居は快適になります。その弾力のため足腰が疲れにくくなり、断熱性や保湿性が高く室温、湿度を一定に保つので、冷暖房の効果が持続します。音を吸収することで防音効果もあります。

実は空気浄化作用もあり、硬質の床では掃除により埃が舞い浮遊するので、人が埃を吸ってしまうのに対し、絨毯は埃を表面に吸着し、舞い上がらせにくくします。天然素材の場合は化学繊維よりも静電気が発生しにくいので、表面に吸着した埃などが掃除機で除去しやすいそうです。さらに緻密な手織りの絨毯は、ダニの好物である人の皮膚の老廃物や食べこぼしなどが奥まで入り込まないので、ダニが発生しにくいのです。「息をしている」と言われるペルシャ絨毯は、糊付けした機械織りの絨毯に比較して通気性が良く、畳の上に敷いてもカビが生えることはありません。燃やしても有機化合物を発生しないというのもすぐれた特徴です。

その場の主役にはならず、けっして主張することなく周りと調和することもペルシャ絨毯の特徴です。個々の暮らし方やお部屋の機能にあった絨毯を選ぶことがペルシャ絨毯を使うときの最大のポイントです。ダイニングや子供部屋には、お手入れの簡単なウールの絨毯がお勧めです。目の詰まった上質のウールの触り心地と弾力は素晴らしいです。玄関やゲストルーム、リビング、仏間やソファの上などには、小さくても上質のシルクの絨毯をお勧めします。艶やかで滑らかな手触りが魅力で、好きな場所に持ち運ぶことが容易です。

仕入れに関しては社長である夫がするのですが、彼には超一流のこだわりがあり、売れ筋のもの、売りやすい商品ではなく、自分の好きなもの、いいと感じられるものを産地であるイランに自ら行き、、有名工房の作家さんと意見交換をしながら選んできます。最初から「売れなくても構わない」と思っているところがあり、ここに私の苦労があります。ただ、そのような仕入れをしていますので、全国のどのお店とも違う個性あるものを置くことができます。

彼の美術品を見る目には定評があり、日本でいう人間国宝クラスの職人さんに一から発注し、ペルシャンギャラリーのためだけに作ってもらったり、バザールなどではなく絨毯工房で直接1枚ずつ交渉して仕入れたりします。イランの絨毯関係者とは長いおつきあいがあり、彼はその仕事の仕方で現地でも信頼が厚く、だからこそほんとうにいいものだけを譲り受けることができています。

うちのお客様は、法人もありますが、個人の方のほうが多いです。多くのお客様は絨毯選びにとても時間をかけます。絨毯の説明はもちろん私もしますが、夫がすることが多いです。お部屋の写真を見せてもらったり、おうちを訪問したりしてその空間やその人の生活に合うものを提案します。彼の天性のセンスが活きるところです。お客様の好みに調子よく合わせるようなことはできないらしく、「僕はこうだと思います」とはっきり言います。お客様とやりとりして選定することを大切にしていて、何か月もかかることもあります。「新居にペルシャ絨毯が欲しい」と言われても、マンションがまだ建っていなくて、図面を一緒に見て選定することもあります。絨毯のできあがりまで2年以上かかるということもあります。

◎ペルシャ絨毯と癒しの関係

イランには、「ペルシャ絨毯をひと撫ですると、心が平らになる」という諺があります。

今の仕事でお客様に接していて気づいたことがあります。それはお客様のお宅に絨毯を持参するときに、そのご家庭の小さなお子さんやペットたちが最も上質な絨毯の上にゴロンと横たわることです。その安心しきった表情とくつろぎのポーズを見れば、理屈や言葉による説明など必要ありません。

ペルシャ絨毯の上は誰もが安心してくつろげる場所です。私はこれをペルシャ絨毯の持つ「アタッチメント（愛着）効果」だと思っています。アタッチメントとは「人間や動物が特定の対象に対して形成する情緒的結びつき」のことで、これにより人は自己や他者への信頼感を育み、安定した人格に育つとされます。

ある経営者の方は「朝起きたらいちばんに、ベッドの足元にある絨毯の上に足を下ろす。すると足の裏から心地よさと言葉にならないエネルギーがこみあげてきて、瞑想をするときのように気持ちが落ち着き、素晴らしい気分で一日を過ごすことができる」とおっしゃっていました。「楽屋には必ずペルシャ絨毯を持参する」という歌舞伎役者さんや、「ペルシャ絨毯の上ではイメージ通りの演奏ができる」という楽器演奏者の方もいらっしゃいます。

お客様の中には、「このお店でなんだか気持ちが良かったから、また来てしまったの」とおっしゃる方もいます。前回にお会いしたときよりも瞳に輝きがあり、声のトーンが高い、そして笑顔。「ペ

ルシャ絨毯は、美しさや触り心地の良さで人の心に栄養を与え、心と体の疲れを癒す。マイナスの感情を浄化しリラックスをもたらし、心身のエネルギーを充電する空間を作る」、そうした手応えを私は毎日の仕事の中で得ました。

かつて看護師に天職を見出していた私が、病院ではなくギャラリーで、薬ではなくペルシャ絨毯の仕事を通じて、お客様が健康になる姿から喜びを得る。この気づきを大切な方々にお伝えしたい、毎日をそんな気持ちで過ごしています。

◎ネットワークとフットワークを使って人をつなぎたい

イランには結婚後、何度か行っています。短い滞在期間中は夫の親戚訪問に終始してしまいます。長期滞在はなかなかできていないのですが、歴史ある美しい建造物や世界遺産の多い国ですので、大切な人たちといつかゆっくり観光したいと考えています。

札幌にはいまもときどき行きます。ペルシャンルームの頃からの20年来のお客様も多いので、年に1、2回はご挨拶をしながら絨毯のコンディションを見て、場合によってはメンテナンスもさせていただいています。

ペルシャ絨毯は、生活の中のひとつのアイテムにすぎませんが、私たちの人生を健康に、そして格段に幸せにする可能性を持っています。これからも、ペルシャ絨毯のある生活を大切な人にお分けする仕事、その人の人生や生活にあった絨毯で快適に過ごせるような空間づくりを演出する仕事、出会いを大切にして心身の健康を届ける仕事を自分らしく行っていきたいと思っています。自分が健康で、出会った方々に癒しを伝えられることに感謝しています。

私は「思いついたことはできるはず」と信じているところがあります。一昨年は、札幌や東京の仲間と同窓会を企画しました。私たちが卒業した小学校は廃校となってしまったのですが、思いがけない仲間ひとりひとりの力がひとつになって、さまざまな人や団体と交渉した結果、かつての校舎を使っての同窓会が実現しました。当時の担任だった先生4人ともお会いでき、元視聴覚教室だったところで昔のビデオを流したりして、とても楽しい時間を過ごせました。仲間はほんとうに宝物です。

北海道には愛着を感じています。なんといっても自分が育ったところですから。家庭を持ってからも5年間ですが札幌で暮らしていたので、娘たちも北海道のことは自分たちの故郷だと感じているようです。ここ数年はある方とのご縁がきっかけで、自分のルーツをたどり曾祖父母の出身地である富山県にも足を運ぶようになりました。ご先祖様にも感謝の日々です。ネットワークとフットワークを使って、これからも北海道と東京とイランをベースに人と人とをつなぎたい。自分を育ててくれたところと支えてくださった方々に感謝する気持ちを、娘たちにも伝えていきたいと思っています。

私がペルシャンギャラリーでお話を伺っているときにも、札幌から来た女性のお客様がふらっと訪問され、世間話をしながら商品をご覧になり、また去っていきました。お店の空間やアズミさんのお人柄が人をひきつけている様子を見ることができました。

アズミさんは、年中無休でお店を切り盛りされながら、3人のお子さんを育てていらっしゃいます。家庭円満の秘訣を伺ったのですが、「お互いを信じて尊敬しあうことが大切。そして、たとえぶつかりあっても自分の思いを精一杯表現して理解を深めあうことが何よりも大切」と語ってくれました。誕生日などのイベントや家族の時間は大切にしていて、家族優先という原則があるのだそうです。お父さんの服を娘さんが普通に着たりするほど家族の仲がよいようです。

お子さんの学校のPTAの役員を何度もしました。新設の高校で役員をしたときには、何もないところから皆で協力して必要なものを作り、なんと部活を作るお手伝いまでしたそうです。「役員をすると学校の様子がよくわかります。北海道と東京とでは学校の文化も違うんですよ」と言っていたのが興味深かったです。

ペルシャンギャラリーで、「ペルシャギャッベ（羊毛を使った毛足が長い手織りの絨毯）」を分けていただきました。羊毛の天然の色の濃淡を生かしたデザインで、ひと目で気に入りました。職場の椅子の上に置いて毎日使っています。あまりにも心地よいのでお尻から離すことができず、会議のときにも持ち歩いています。パソコンの前に長時間座り、締め切りと多重課題に追われるストレスの高い私の仕事ですが、ギャッベにお尻を支えてもらっていると、首、肩、腰や目の疲れ方が違いますし、天然素材ならではの満足感があります。アズミさんに伺ったのですが、現地の生産者さんたちは、手間暇をかけ、目の負担をいとわず、人生をかけて絨毯を織っているのだそうです。イランという遠い国の、どんな職人さんがこれを織ってくださったのだろうと想像するのも楽しいです。ほどなくアズミさんから「ギャッベが大野さんの元にお嫁入りできて幸せです」というメールが届きました。商品ひとつひとつに対する彼女の気持ちや仕事に対する姿勢が伝わり、これが彼女の発信する健康であり元気なのだと実感しました。

アズミさんの立ち振る舞いからは、忙しさを外に出さない賢さが伝わりました。彼女には、世界のどこでも通用するであろう柔軟さがあり、「北海道の国際人」のイメージにピッタリでした。今後のご活躍を応援させていただきます。

マレーシアから来た
ニセコのホテル統括マネージャー
パンチ・ラトナベイルさん

「子供にはたくさん旅をして多くの人種、文化に触れてほしいです。これからの世の中では厳しい状況であっても生き抜いていく力、人間力を培うことが大事だと思っています」

本名 Punch Ratnavale（パンチ・ラトナベイル）
マレーシア・ペナン島生まれ。ＹＴＬホテルズ ニセコビレッジ株式会社勤務。ホテルサービス業に長く従事し、２００６年よりＹＴＬコーポレーション、２０１０年より現職。

【キーワード】
マレーシア（Malaysia）
人口 ３０３３万人
面積 ３３万平方キロ（日本の０・８７倍）
首都 クアラルンプール
１人当たりＧＤＰ １万９３３ドル
在留日本人数 ２２０５６人
在日マレーシア人 ８５８５人

パンチ・ラトナベイルさんは、スリランカ系マレーシア人です。スキーと温泉と羊蹄山とで世界に有名なニセコで、大規模なホテル「ニセコビレッジ」のリゾートディレクターをしています。

ニセコの町を歩くと看板は英語ばかり。お店の人も外国人が多く、まるで外国に来たかのような雰囲気です。ログハウス風の、あるいは奇抜な形に作った色鮮やかなペンションやコンドミニアム、レストランといった観光施設が多く並んでいます。それらが活気に満ちたわくわくする町の雰囲気を作っており、ニセコの強烈な個性と魅力になっています。

この町は温泉も世界に誇るレベルで、本州では温泉の枯渇が言われているなか、たとえばニセコビレッジの中にあるザ・グリーンリーフホテルでは、53℃で湧き出るお湯を冷まして使用しているとのこと。1分間に270リットルも流れこむというから驚きです。天然塩が豊富に含まれた湯の濁りの強い色や感触は、お湯にはウルサイ私も大満足です。

夏には抜けるような青い空が冴えわたり、さわやかな森の風が吹き抜けます。ゴルフやテニスだけでなく、トレッキングやサイクリングも楽しめ、地元で採れた野菜の優しい香りと味は都会人の疲れを癒します。私が取材で訪問した日には家族連れ、それも大家族での利用が目立ち、このリゾートが幅広い年代に受け入れられていることを知りました。

ニセコではホテルの使い方も町の人の動きも、夏と冬とで全く違うのだそうです。私が行った10月10日には、たくさんの冒険遊具が楽しめる自然体験グラウンドは夏季のほとんどのサービスを終了しており、覆いをかけるなどリゾートは具体的に冬の支度を開始していました。この日のニセコはすでに気温がかなり低く、ときおり雪も舞っていました。次回は冬に来て、スキーをしたいです。本物の原生林を縫って滑るなど変化のあるコースを楽しんだあとは、露天風呂で無心に雪を眺める。想像するだけで幸せな気分になります。

ところでパンチさんの奥様、チエコさんは日本人で、看護学校の先生をしていた方です。彼女がかつて語学留学のためオーストラリアのメルボルンに滞在していたとき、お世話になったホストマザーのいちばん下の弟が、当時マレーシアのマラッカに住んでいたパンチさんだったのです。チエコさんはホストマザーに誘われ、シンガポールからマレーシアのマラッカ、ペナン島を旅したのですが、パンチさんもちょうど休暇中で、ペナン島へは一緒に行き、いろいろと案内したそうです。

そこからはインターネット電話等を使っての遠距離恋愛が数年続き、オーストラリアとマレーシア、マレーシアと日本をお互いに行ったり来たりしました。結婚に至るまでは長い道のりでしたが、パンチさんの勤務先であるYTLコーポレーションが2010年に北海道のニセコビレッジを買収し、パンチさんが北海道に赴任となり、チエコさんとの結婚も一挙に決まりました。

YTLコーポレーションはマレーシアの複合企業で、パンチさんはその一翼、ニセコビレッジ株式会社の統括マネージャーです。ヒルトン・ニセコビレッジは、ザ・ワールド・スキー・アワードにおいて、「日本のベスト・スキー・ホテル」を連続受賞している、世界的にも認められたスキーリゾートです。

国内外の出張も多く、たいへんご多忙な中、貴重なお休みの日の午後、お話を伺うことができました。質問に対して、私の意図に沿ってできるだけ的確に、整理して回答しようと対応してくださいました。言葉も表情も穏やかで、しかも豊かで、ベテランのマネージャーの風格を感じました。ニセコという北海道でいちばん国際的な町をリードする彼の活躍を紹介します。

◎ニセコに来るまでの経緯

私はスリランカのタミル民族の子孫です。祖父母は、19世紀の終わり頃に、当時はどちらもイギリスの植民地であったスリランカからマレーシアに移住したと聞いています。父はマレーシアのペナン島で大規模なゴム園などを所有する投資ビジネス家でした。母は中華系マレーシア人です。私自身は、スリランカには一度も行ったことがありません。祖父の出身地であるスリランカのジャフナは長く戦地になっていたので、親戚のほとんどは海外に移住してしまい、現在スリランカに知っている人はいません。スリランカの観光事業の可能性を調べたことはあります。東海岸のビーチが主な観光資源のようですね、ヨーロッパから見たときにスリランカは、インドネシアのバリより近くて安い常夏のビーチとして魅力があり、イギリスやドイツなどから多くの人が訪れているようです。

私はペナン島で生まれ育ちました。20歳のときにオーストラリアに行き、そこで観光産業に出合いました。しばらく働いてお金を貯めたのち、23歳でイギリスに行き、ホテルマネジメントを勉強しました。イギリスでも何年か働いてから、28歳でマレーシアに戻りました。シャングリラ・ホテル・グループで長く仕事をし、２００６年にＹＴＬに転職しました。ＹＴＬはセメントなど建築業や電力、ＩＴを主要事業とする巨大な複合企業で、観光部門はこの会社にとっては小さな1部門です。

ずっとチエコさんと結婚したかったのですが、彼女は福岡で看護学校の先生の仕事を始めたばかりで、マレーシアに住むことはできない状況にあり、私は思い余って1年間の長期休暇を職場に申し出ようかと思っていました。休暇の1年間、チエコさんのいる九州で何か仕事ができないか試してみて、何もできなかったら、「マレーシアに行こう」と言うつもりだったのです。そんな折も折、２０１０年、ＹＴＬがニセコビレッジを買収し、そこに転勤が決まりました。チエコさんのいた九州からは少し遠い北海道ですが、同じ日本でしたので、この転勤は私の人生にとって完璧なタイミングでした。同年、結婚して北海道での生活を始めました。

これまで、シティリゾートやビーチリゾートをマネジメントした経験はありましたが、スキーリゾートは初めてです。世界に知名度があるニセコは、私のキャリアにおいていいステップとなりました。

◎ホテルリゾートという仕事

ニセコビレッジは、ヒルトン・ニセコビレッジ、ザ・グリーンリーフ・ニセコビレッジ、タウンハウス「カサラ」の3つの個性ある宿泊施設のほか、スキー場やゴルフ場などがある総合リゾートです。タウンハウス「カサラ」は豪華な別荘のイメージで作られた8棟のタウンハウスで、家族連れや友達同士の、比較的長期に滞在するグループが利用します。ヒルトン・ニセコビレッジとザ・グリーンリーフ・ニセコビレッジ、このふたつのホテルは合計700室、3～5泊のグループでの利用が多いです。ザ・グリーンリーフ・ニセコビレッジはこれまで、スキーが楽しめる冬季のみの営業でしたが、今季から夏も営業を開始しました。4月と11月を除いた年10か月の操業です。

私は本部に合わせて平日仕事をし、週末はできるだけ家族のいる札幌で過ごすようにしています。毎日の業務は、電子メールでの本部との連絡のほか、550ヘクタールあるビレッジ内を巡回したり、レストランやハウスキーピングを外注しているパートナー企業との調整をしたりなどさまざまです。従業員はニセコビレッジ全体では夏は300人、冬は500人にもなります。私は日本語ができないので、バイリンガルスタッフが4名、私の仕事を手伝ってくれています。3人は日本人で、1人は日本人と結婚した台湾人です。

出張は多いです。香港・オーストラリアなどへ1～2週間の日程で出かけます。出張先ではクライアントに会ったり、パートナー企業との調整をしたりなど、いろいろとやることがあります。限られた時間と貴重な機会を最大限に使うため、いつも以上に集中して取り組みます。マレーシアの本部へは年に2回行きます。そのときはペナン島に行き、親に会います。

ニセコは雪質が良く、世界中からたくさんのスキーヤーが訪れます。冬季の4か月間は連日ほぼ満室、回していくだけでたいへんです。スキースクールやゴンドラの運営などたくさんの事業があり、冬には誰もがいつもより長時間働きます。

1年を通じ、ニセコは国内外から多くの人を迎えます。海外からの宿泊客の比率は、冬は75%くらい、夏は50%くらいです。ツアーも多いのですが、冬は個人客が多い傾向にあります。ニセコは「オーストラリア人のリゾート」というイメージがありますが、それはちょっと前のことで、今は実はアジアからの宿泊客が多いのです。中国からが最多で、あとは東南アジア―タイ、マレーシア、インドネシア、最近はフィリピンからも増えています。

現在のところ、ニセコは世界中から注目されており、観光の需要がありますが、観光業は政治にセンシティブな面があり、さまざまな出来事に左右されるので、今後その需要が継続するのかは単純には言えません。数年前、尖閣諸島の問題で訪日中国人観光客が減少したときには、ニセコも打撃を受けました。

私たちのホテルはアジアからのゲストの受け入れに慣れていますが、彼らはホテルのサービスに対し、ときに厳しい要求をしてきます。日本人の場合、システマチックにものごとを早く決めて行動し、それによって他の人に迷惑をかけたり不便を与えたりしないことを大事にするのに対し、東南アジアの人たちは「まずは自分、他の人はその次」と考える傾向があります。他の人が困らないように配慮することはその人たちにとっては優先順位が低い。そうしたゲストへの対応で気を付けているのは決まりを強く言うこと、そして、他の選択肢を提案するということです。日本人は一般に、「イエス」と「ノー」、ふたつのどちらかで対応をしがちですが、「ノー」と言うだけでなく、他には何ができるのかを提案することによって、１００％ではなくてもゲストの希望を叶えられ、顧客の満足につながることが多いです。

日本に来て7年めになりますが、スタッフの確保は大きな課題です。ニセコは世界の注目を集めていて、観光客を集めることができるのに、サービスを提供する人を揃えることが難しい。私たちの仕事は皆をハッピーにする仕事で、当然、週末も営業しているのですが、日本の若い人は友達と出かけたいので週末には働きたくない人が多いのです。

すべてのスタッフがすべての週末に勤務するわけではありません。平日・週末・日勤・夜勤等を混ぜてローテーションを組みますので、週末が休みになることも当然あります。もちろん夜勤には手当を出します。このような勤務形態は病院の仕事と似ていますね、病院は24時間、患者さんの対応をします、それと同じです。現状、北海道で若い人を探すのはとても難しいので、本州からリクルートすることが多いです。日本人と結婚した外国人を雇用することもあるし、季節スタッフとして冬季のみ海外から外国人を雇うこともあります。

各国からのゲストを迎えるために、外国人スタッフを常時雇用したいのですが、それは日本の法律ではとても難しいことでままなりません。これまでも私は、町長さんと話しあったり観光庁に意見したりしましたが、「法律が関係しており、とても難しい問題です」と言われました。形式的ですね。残念です。日本の観光業は将来はもっと国際的展開を考えていくほうがいいと思います。

◎日本経済について思うこと

日本に来て7年めになり、人々の仕事観についてわかったことがあります。日本では昔ながらの考え方によって、大人たちの誰もが子供たちを、サラリーマンになるように誘導しているように感じます。公務員になること、大企業に就職することを奨励し、よりよい機会を求めて起業することを勧めません。

日本の社会環境も、起業を促進するものではありません。小さなビジネスであっても起業するには、最初にたくさんのお金がかかるのに、銀行の融資を得にくい、難しい書類をたくさん用意しなくてはいけないなどといった状況は、おもに日本の法律などの柔軟性の乏しさから生じる困難です。この環境では、利益を上げることができるのは大企業ばかりで、中小企業の伸びる余地が少ない。アジアの他の国に比べるといい競争ができる環境にないと個人的には感じます。

一部の分野では国内での競争が少ないだけではなく、国際的な競争を避けているようにも感じます。国内企業を守ることが優先され、外国企業が入りにくい環境となっている。日本のビジネス環境において、とくに「外国人の受け入れ体制」「起業環境」「労働の柔軟性」などに課題があることは知られています。日本の人口が減少し、国内市場が縮小するなか、これらの改善なくしては、将来、産業は減速することが予測できます。

すでに政策として発表されているように、東京オリンピックに向けて、大幅な規制緩和が社会全体で行われることでしょう。問題は「いつそれが行われるか」です。国家戦略特区において、産業の国際競争力を強化し、国際的な経済活動の拠点の形成を促進するような政策は効果的だと思います。

しかし、この国は決断が遅いですね。良いと思えることを実行に移すまでのプロセスが長く、スピードが遅い。ここまで遅い国はあまりないのではないでしょうか。全世界が早く動く時代になり、それに合わせなくてはいけないのに、日本社会は柔軟性に乏しく、変化を好まない性質があるようです。今の政権は変化しなくてはいけないことに気づいているのでしょうが、抵抗勢力が強いようです。

日本社会についていろいろ言いましたが、日本にはいい点がたくさんあると思っています。アジアにあって、これだけの達成を実現したことは素晴らしいです。日本人の性質、すなわち勤勉さ、誠実さ、一つのことを完璧にやり遂げる正確さ、謙虚さなども秀でていると思っています。将来、日本経済は低下すると予測されるので、それを上向きにするように工夫しなければなりません。多くの人が言っているように、オリンピック後が課題ですね。政府のさまざまなプロジェクトが終わったとき、国内の需要は小さくなっているでしょうから。

成熟した社会というのは、やりたいことがやれる、生きたいように生きられる環境であるはずです。ヨーロッパなどはそういう社会になっています。特別な才能のある人でなくてもビジネスを始めやすい社会のほうが、人は可能性を追求できると思います。

◎仕事以外の過ごし方

夏と冬では、どちらかといえば夏のほうが好きです。冬は仕事が忙しく、自分の時間はないし、考える時間もありません。

フットボールやスカッシュなど、スポーツはたくさんやりました。やりすぎて腰痛になってしまい、痛くて運動ができなくなりました。椎間板が3つ突出していて、病院では手術を勧められました。でもインターネットの情報で、手術しても必ずしも痛みがなくなるわけではないことを知り、手術はしないことに決めました。自分なりにいろいろと努力をしました。運動などの理学療法のほか、水泳が腰痛に効くと聞いたので、1年間たくさん泳ぎました。その結果、ジョギングもできるようになりました。

今は自転車に乗っています。ニセコにはオーストラリア人のツーリンググループがあり、週に2回、朝の6時からその仲間と走ります。夏の早朝などオレンジ色の光のなか、一面緑のとうきび畑を走るのは最高の贅沢だと感じます。ロードレース用の自転車でジャガイモ畑の道、山道など週に150キロくらい走り、新鮮な空気を味わいます。

ゴルフもします。スキーはイギリスでも少しやりましたが、ニセコに来てから本格的に始めました。今は中級です。

道内は旭川、富良野、函館、積丹、小樽、長万部、寿都、洞爺などに行き、行く先々で観光業を見て回りました。それぞれにその場所の個性があり、ホテルのサービスにも工夫が見られました。好きなのは札幌です。街の大きさが大きすぎず小さすぎず、ちょうどいいです。食べものもおいしいし、ひと通りのものは手に入ります。函館も好きです。ヨーロッパのような街並みがすてきです。北海道だけでなく、奥さんの故郷、九州も旅しました。その際、震災前の熊本、阿蘇にも寄っています。

◎妻と子供とこれからのこと

私たち夫婦にとって子供を持てたのが人生最大の出来事です。その前には流産も経験しましたし、この子の妊娠中にも妻は切迫早産で入院しましたが、最終的には手術で無事に出産しました。妻も私も、待ちに待った子供でした。出産の前後は、私も2週間九州に滞在しました。出産の日は落ち着かなくて、手術が始まってから終わるまで手術室と部屋との行ったり来たりを繰り返すしかありませんでした。

子供と初めて対面したときのことは、いまも鮮明に覚えています。そのときに撮ったビデオはズームが全然合ってなかったので、よほど興奮していたのだと思います。そのあとは子供の全体や細部をくりかえしよく見ましたし、頭の先から足の先までじっくり撮影しました。親になった

幸せな瞬間のことは、その後の人生で何度も思い出しました。妻が手術室から戻ったときには、彼女には感謝と労いの言葉をたくさんかけました。入院中にミルクをあげたりおむつ替えしたりしたことも楽しかったです。

子供の名前は壮英（そうえい）、英語ではSOEIです。「エナジェティック（壮）にインテリジェント（英）に」という思いを込めました。英は妻の父の名前を一字もらうという意味もありました。名前は一生つきあうものなので簡単に書けて読めるほうがいいと思っています。ヨーロッパ風の名前の候補もありましたが、私は日本の名前がよいように感じ、壮英で決めました。

息子も2歳になりました。とても活発で、私にそっくりです。私のことはほんとうに大好きで金曜日に私が帰ってくると全身で喜びを表します。週末は子供の入浴、就寝まで私がすべての育児をします。今では私とは、片言ですが英語で会話するようになりました。子供とこれから先、少しでも長く一緒にいたいので、いっそう自分自身の健康には気を使うようになりました。

今の私たちには子供の成長が大きな楽しみです。妻の実家には年に2、3回、私の実家マレーシアのペナン島には年に1回帰省しています。私の姉がオーストラリアのメルボルンにいるので、今年はメルボルンにも行きました。子供にはたくさん旅をして多くの人種、文化に触れてほしいです。これからの世の中では、ものすごく勉強ができても学歴があっても生かせるかどうかわからないので、厳しい状況であっても生き抜いていく力、人間力を培うことが大事だと思っています。この力があってこそ、学力や学歴も生きてくると思います。私自身も下積みから苦労をして、自分の力でここまできました。

週末には、できるだけ車を使わない生活を楽しんでいて、妻と息子と3人でよく自転車に乗って出かけます。息子も自転車での外出が好きです。まだ小さいので妻の自転車の前の椅子に乗ります。最近は札幌市西区の五天山公園でピクニックをしました。

もう少ししたら、息子をインターナショナル幼稚園に通わせるつもりです。彼には英語を使える人になってほしいと思っています。英語は、どこかの国の言葉ではなくて、国と国とをつなぐ国際語です。世界で教育を受けたり仕事をしたりするのに、英語を使えることは最低限必要なことです。日本の学校では英語は書いたり読んだりすることに重点が置かれているようですが、それだけでは不十分で、英語の会話によって情報をやりとりすることも教えるほうがいいと思います。アジア的価値観のようなものも身に付けさせたいので、小学校は日本の学校に通いながら、英語学習も継続できる環境を保っていきたいと思っています。

日本の環境は安全で、子育てに適していると感じます。ニセコは外国人の投資家の資金が入っていて、不動産の価格が高い。一方、妻の出身地である九州の大分県は外国人が投資するようなところではなく、地価も安かったので、将来はそこに住むつもりで、半年前に土地を買いました。家を建てようと調査したところ、建築費が高いですね。建築の準備などをしながら、まだ5年くらいは北海道にいるつもりです。九州にベースを築きつつ、子供が小学生になったら夏休みはマレーシアで過ごすなど、両方の生活を体験させ、たくさんの言語や文化に触れさせたいと思っています。


パンチさんの頭の中は整理されており、易しい言葉でお話ししてくださいました。提供していただいたご意見を理解し、正確に書き起こすために、私は内閣官房日本経済再生総合事務局による「日本再興戦略―これまでの成果と今後の取組」（2016年6月）でアベノミクスを勉強しました。私はこれまで、「目の前のこと」「自分のこと」「今日のこと」だけではなく、「世界のこと」「皆のこと」「将来のこと」に関心を持つように心がけていました。でも、アベノミクスの概要を理解しようともしていなかったことに気づき、日本国民として自分自身の怠慢さに愕然としました、はい。でも、それではいけないということに気づいたことは私にとっての収穫のひとつです。

パンチさんの、日本を外側から、また内側から見る視点が新鮮でした。

パンチさんはときおり日本語の「ホント?」をとても効果的に使います。彼の「ホント?」は

《really?（ほんとうなの?）》というよりは《amazing（素晴らしい!）》のように聞こえるのです。丁寧に発信すると豊かに伝わるというのも、彼の話を聞きながら気づいたことでした。彼がコミュニケーションの達人だということだと思います。

チエコさんに伺ったのですが、パンチさんはいろんな国の人と会う仕事のためか、その人がどの地域から来たかを高い確率で当てられるそうです。そしてその国について、その人の関心に合った話をされるそうです。つねに地球レベルでセンサーを張っていて、文化や宗教の違いを理解して共存する技術が身に付いているのはすごいことだと感じます。

日本に住む国際カップルにとっては子供の教育が悩みの種だとよく聞きます。次代の人間を養育するのは人としてとても大事な役目です。大切に思うことを大切にしながら楽な気持ちで育児できるような日本社会であればよいと、20世紀の日本に国際人として目覚めてしまった私はそう思います。

パンチさんと私に共通の関心の一つは、退職後のことでした。早めに退職してどっぷりと趣味に埋没することは、多忙人・多趣味人の憧れです。パンチさんの出身地であるペナン島は、世界遺産に登録された歴史的町並みとビーチリゾートとがあり、「東洋の真珠（The Pearl of The Orient）」と呼ばれる美しい観光地です。パンチさんから伺ううちに、ペナン島は私の将来の移住先、第1の候補地となりました。

インドネシアで悠々自適の第二の人生

大隅修司さん

「息子たちは海外で育ったので日本を外側から見る視点があります。彼らは『インドネシアで育ってよかった』と言っていました」

旭川市出身。旭川のエノ産業株式会社の駐在員として1990年9月よりインドネシアのジャカルタに赴任。定年後はカフェを開業。また、バイオマスエネルギーの原材料（ヤシ殻）の調達にも取り組んでいる。ジャカルタ在住26年。

【キーワード】

インドネシア共和国（Republic of Indonesia）
人口　2億5756万人
面積　190・5万平方キロ（日本の5・04倍）
首都　ジャカルタ
1人当たりGDP　3492ドル
在留日本人数　17893人
在日インドネシア人数　32524人

駐在員とは日本企業に雇用され、会社命令で海外拠点に赴任する人のことです。2015年10月時点で、海外に進出している日系企業の拠点数は少なくとも7万1129か所。2005年以来最多に上がっています。約132万人の海外在留邦人のうち、駐在員とその家族は約46万人。多くの日本人が赴任という形で海外に在住していることがわかります。ちなみにインドネシアは「国（地域）別日系企業（拠点）数」のランキングで第6位です（平成28年度版「海外在留邦人数調査統計」）。

大隅さんのご出身の旭川市は北海道のほぼ中央に位置し、北海道内では札幌市に次ぐ第2の人口を有しています。観光庁からは国際会議観光都市として認定されており、観光入込客数は年間約550万人にも上ります。旭川空港に中国、韓国、台湾との定期便が就航していることもあり、海外から多くのお客さんが来ています。「世界の中の北海道」を語るときに、旭川市は外せません。

旭川市の観光資源の一つは旭山動物園です。私も家族と何度も行きました。「行動展示」という方法で動物たちが展示されているため、ライオンやトラが自分たちに適した環境の中で動き回る様子を見るのはとても楽しいです。無心に生きている動物の生態に触れられる施設です。

大隅さんのお話の中に出てくる「チャイニーズ」というのは、いわゆる華人（かじん）、インドネシアの国籍を持つ中国系住民のことです。また、「暴動」というのは1998年、ジャカルタで起こった華人排斥暴動のことです。女性・子供も含めた1200人以上の中国系インドネシア人が殺害されました。暴動の背景には失業率や物価の上昇、そしてそれに伴う治安の悪化、長年のスハルト政権への国民の反発があったとされています。

木工機械メーカーの駐在員としてインドネシアにやってきて、長くジャカルタに住み、インドネシアと日本を見つづけた大隅さんにお話を伺いました。

◎インドネシアに来た経緯

１９９０年に駐在所長としてインドネシアに来てもう26年めです。北海道で製造した大型乾燥機等をインドネシアの合板工場に販売する仕事でした。

大学の海洋学部を卒業して、大阪の海洋開発会社に勤め、港の開発や海洋資源探査をしていました。そこで測量士等の資格を取りました。年間３００日船に乗っていて、陸にいることが少ない生活でした。そのあたりに思うところがあり、調理師・ふぐ調理師の資格を取り、板前の世界に転業しました。日本での最後の仕事は夕食材料配達業の経営でした。順調でしたよ。

インドネシアに来たのは、旭川のエノ産業がジャカルタに駐在事務所を作ることになったことがきっかけでした。エノ産業は、木の皮むき機では日本でのシェア85％の、ほぼ独占企業です。

当時、エノ産業の社長は自分の兄だったのですが、ある日彼から呼ばれ、お酒を飲まされました。「話ってなんだよ」と何度も聞いてやっと言われたのが「インドネシアに行かないか」というものでした。海外で仕事をする経験が多かったことから自分に声がかかったようです。かつて海底の地層を探査する機械を扱っていたり、海洋機器の開発に携わっていたりと、機械・電気に強かったのも買われた理由でした。

「けんかで負けないだろ?」とも兄に言われました。いわば切り込み隊長です。中学生の頃から武道を習っていましたので、強さには自信はありました。柔道、剣道、少林寺拳法は合計6段ですので、自分の身は自分で守ることができます。実際、インドネシアで車から降りたところを物取り目当ての暴漢に襲われそうになったこともあります。そのときは、殺気を感じてとっさに反撃し、撃退できました。武道をやっていたからだと思います。

殺気といえば、歩いていて何か気配を感じ、下ろそうと思った足を、ふと別のところに下ろしたことがありました。そこには長さ2メートルの蛇がいました。赴任してきた当時のジャカルタ郊外にはまだ蛇がいたのです。踏んでいたら噛まれていたでしょう。

最初は単身赴任で、日本とインドネシアを行ったり来たりしていました。帰国をした短い間にも、旭川の本社で仕事をしたり、販売する機械を製造している台湾に行って機械の検査をしたり、ほんとうに忙しかったです。家族を呼んだのは5年くらい経ってからで、子供たちは中学生でした。彼らはオーストラリアでも勉強しました。海外で育ったので日本を外側から見る視点があります。インドネシア語はもちろん、英語、韓国語もできます。息子たちは「インドネシアで育ってよかった」と言っていました。今は北海道の会社に勤務し、インドネシアの窓口を担当しています。

1998年の暴動のときには、個人的にはとくに被害はなく、暴動が激化した5月13日も食事会をしていました。家族はいったん日本に帰したところ、空港で報道陣につかまってしまったそうです。

◎多いときは年間4億円以上の売り上げに

インドネシアでは木工機械の営業と取り付け等を行っていました。最初は過去に売った機械の修理点検をし、その後、日本から送られてきた機械を設置するようになりました。設置自体は容易ですが、機械の到着が遅れることがよくありました。待っていた機械が夜中に到着し、朝までに取り付けたこともあります。インドネシアは常夏であるうえに、工場内は機械の熱気もあり、日中は室温が40度にもなるので、涼しいうちに仕事をしてしまおうと心がけていました。

設置に比べると、販売は難しく、始めの1年は売り上げがありませんでした。インドネシアでは、人口5％程度のチャイニーズが大きな経済力を持っていて、商売の相手はほとんどがこのチャイニーズでした。

当時販売していたのは、原木を大根のツマを作るときのように桂むきにする機械で、これを使うと木材をごく薄く切ることができます。芯に近いところ5センチくらいまで切れるので、材料を有効に使うことができます。

この機械は自分の父が開発しました。北海道で春に雪の付いた木を切ると、のこぎりが雪の中の石にあたり、刃が折れることがあります。折れた刃が勢いよく飛んで、作業する人が大けがをする事故もよくありました。それを防ぐためにまず外皮を向いてから加工する機械を作ったのです。日本では原木が減るなどしたために合板工場が閉業し、不要になった中古の機械をインドネシアで販売していたのです。

薄く切った単板を、繊維方向が90度互い違いになるように数枚重ねて接着し、合板を作ります。それは3尺×6尺の大きさ（畳のサイズ）に切られ、多いときは年間600万平方メートルも日本に輸出され、コンクリートの型枠などに使われました。

インドネシアと日本の貨幣価値の違いから、どうしても日本製品は高いと言われてしまいます。「この製品は品質がいいです」と言うだけでは売れません。この機械の特徴、そしてこれを使うことで利益が生じ、何年で元が取れ、そのあとは利益がいくら出るということを細かく計算して示します。まずは、その工場で使っている機械でカッターの刃を1年で何枚使うかを聞きます。この機械を使うとそれが16枚から10枚に減らせる、年間1000万の利益につながり、1250万円の皮むき機を買っても1年ちょっとで元が取れると説明します。この計算と説明で納得してもらえ、契約が取れたときはほんとうにうれしかったです。だんだんと売り上げが増え、多いときは年間4億円以上になりました。

販売や機械取り付け、社員の指導等、仕事はインドネシア語でしています。赴任の1か月前、日本にいるときから勉強していました。夜、集中して勉強していて気が付くと朝だったりもしました。赴任直後は、会社と家だけを往復して日本人には会わずインドネシア語の習得に努めました。会社で覚えた言葉を、家では辞書を使いながらメイドを相手に練習しました。言葉の壁は感じてはいましたが、乗り越えたのは自分でも早かったと思います。３か月で営業の仕事をしはじめました。電話でアポを取ったり、英語を交じえながらですが商談もできるようになっていました。

エネルギーを使ったのは、現地スタッフの管理です。たとえば運転手。ジャカルタには駐車スペースが少ないので、私が仕事をしている間、運転手は少し離れたところに車を停めていることがあります。携帯電話が普及するまでは自動車電話を持たせていたのですが、呼んでも来ないときがありました。そういったときは自分の用事や、他の運転手と賭けごとをしているんです。

ある日、「バイクが欲しいから給料の前借りをしたい」と言うので、いくらなのか聞いてみると、月給の20倍でした。いったいどうやって返すつもりだったのか、計画性がなさすぎると感じます。携帯電話が普及しはじめた頃に、私との連絡用に1台渡したら、すぐに「失くした」と言ってきました。こう言っては悪いんですが、売ったのが見え見えなんです。それは弁償してもらいました。

◎副業でカフェも

今66歳です。以前はゴルフをやっていましたが、最近は足の痛むときがあり、やめてしまいました。もう十分に楽しみましたし、満足しました。いいスコアが出たときに道具も知人にあげてしまいました。今は仕事が唯一の趣味です。

定年退職後は、別の企業に籍を置き、バイオマスエネルギーの原材料となるヤシ殻の調達を任されています。ヤシ殻を使って発電することは地球の環境にもいいと考えています。今はまだ月5000トンですが　会社では月3万トンの輸出を当面の目標にしています。

飲食業にも興味があって、知人に誘われたのをきっかけに、その人の妹さんのレストランのコンサルタントを副業として始めました。実際に自分でもジャカルタ北部のクラパガディンという地区で、チャイニーズの友達とカフェを開いています。チャイニーズは親戚づきあいで外食することが多いのですが、そうした機会に使えるようなカフェです。

3日後に150個の弁当の注文が入っているので、今日は仕入れなどの確認をしてきました。3万2000ルピア（約300円）の安い弁当で、中身は白米、チキンカツ、野菜、ポテトサラダ、煮卵半分、ミートボールの炒めもの。インドネシアには日本のチェーン店のような持ち帰り弁当の店もあり、現地の人にも普通に利用されています。

◎私が死んだら

北海道はいいところですが、冬の寒さがもう耐えられません。たしかに北海道でも車や家の中は暖かいですよ、でも、車から降りて家に入るまでの数分間は急激に寒いところに立つわけで、心臓の悪い私にはよくないです。

インドネシアが長いので、生活の基盤はこちらにあります。日本に戻るとなると、多少不都合が生じます。たとえば、しばらく帰国しなかった期間があり、日本の運転免許は失効してしまったので、日本では車が運転できません。インドネシアの免許を持っていけば、筆記試験で取れるけど、あまり気が進みませんね。こっちにいれば少なくとも何かしら仕事はあるし、家もある。退職を機に帰国という選択肢は検討しませんでした。

妻が3か月前に病気で亡くなり、今は一人暮らしです。食事は普段は自炊をしています。先日は牛タンシチューを作りました。

自宅で意識がなくなり、誰かに発見される場面を想定して、入口の近くには貼り紙をしています。「生きていたら○○病院に運んでください。死んでいたら以下の人に連絡してください」というような指示を書きました。

以前、旭川から派遣された日本人の技術者がアパートで亡くなっていたということがありました。警察に連絡したら、検死することになりました。心臓発作だったようで、持ちものには心臓の薬であるニトログリセリンがありました。火葬してお骨を日本に送るという経験をそこで初めてしました。

私は死んだら火葬にして海に散骨してほしいと思っていますが、横浜にいる次男は必ずしも賛成ではないようです。

大隅さんが育った旭川市は、札幌と比べても格段に寒く、降ってくる雪のすべてが結晶の形をしています。以前、訪問したときにも雪が降っていて、そこでの雪は髪や服に付いてもその形を維持する（それほど気温が低い）ことに感動しました。彼の集中力は旭川の厳しい寒さと関係があるのだろうかと勝手に考えたりしていました。

駐在員として木工機械販売の仕事を引退した後も、たくさんの仕事を精力的にこなしています。大隅さんのお仕事の仕方には自信があふれているように感じました。気力に満ち、しかも柔軟な北海道人を皆さんにご紹介できるのは、とてもうれしいことです。

子育てに、仕事に、学業に奔走するモンゴル出身大学院生

ハルタル・アマルトゥブシンさん

「将来は日本とモンゴルの架け橋になりたいです。日本語を生かして日本の良さをモンゴルや世界の人々に伝えたいと思っています」

本名　ハルタル・アマルトゥブシン（Khaltar Amartuvshin）
2004年　モンゴル国立医科大学東洋医学部卒業
2004年～2005年　モンゴル国立温泉研究センター勤務
2005年～2006年　台湾台北病院東洋医学研修
2010年～　北海道大学大学院医学研究科医療政策評価学分野、2016年9月修了予定。
日本語能力試験2級。趣味は音楽を聴くこと、歌を歌うこと、スポーツをすること、買いもの。

【キーワード】
モンゴル国（Mongolia）
人口　296万人
面積　156・4万平方キロ（日本の4・14倍）
首都　ウランバートル
1人当たりGDP　4147ドル
在留日本人数　439人
在日モンゴル人　6214人

モンゴルと日本との国交は1972年に開始されたとのことで、それほど長い歴史はないのですが、モンゴルの人たちは一般に親日的で、日本に対して関心が高いです。少し古いデータですが、平成16年に日本の外務省が実施した「モンゴルにおける対日世論調査」では、日本は「最も親しくすべき国」として挙げられました。

「世界冬の都市市長会」という国際会議があります。これは、積雪寒冷という気候条件が共通する世界の都市が集まり、「冬は資源であり、財産である」というスローガンのもと、まちづくりを学びあうものです。現在、札幌市長が会長を務めており、モンゴルの首都ウランバートル市も会員都市のひとつです。「戦略的パートナーシップのための日本・モンゴル中期行動計画（2013・9両国首相合意）」においては、「両政府は、モンゴル国と気候が比較的類似した日本国北海道における農牧業の実態や寒冷地技術を調査し、知見を共有する。（略）北海道の民間企業との技術協力を発展させる」と明記されるなど、北海道とモンゴルは浅からぬ縁があります。

モンゴルで私が観察したところによると、モンゴル人は背が高く、筋肉や骨格がしっかりしています。日本の相撲界でモンゴル人力士が多数活躍しているのもよくわかります。姿勢の悪い人は一人もいないです。胸を張って堂々と歩く様子は、日本人も真似したほうがよいと思いました。聞いたところによると、モンゴル人は一般に方向感覚がすぐれているようで、道に迷うことは少ないとか。草原での生活では家などの人工物も木などの自然のものも少なく、場所を把握する手がかりが得にくいので、太陽の位置などを確認しながら方角を特定する能力がとても大切だったのではないでしょうか。知り合いのモンゴル人は「日本に長く住んでいたら、方角がだんだんわかりにくくなってきた」と言っていました。

札幌市立大学では、「先天性股関節脱臼ハイリスク児の育児指導」というＪＩＣＡ草の根技術協力事業を実施しました。私はモンゴル国立母子健康センター子供病院の看護師や理学療法士の方たちを対象とした研修などを行うため、モンゴルには3回行きました。

初めてモンゴルに行ったときに、首都ウランバートルからは北西の方角にあるエルデネトという地方都市を訪れました。エルデネトはアジア最大の銅鉱があることで知られるモンゴル第2の都市です。運転手さんをお願いしての車での訪問でした。コンビニ(のような店)でミネラルウォーターを買い、午前中の仕事が予定より長引いたため急いで移動を開始しました。3月の気温はまだ氷点下で、氷原がどこまでも続きます。たくさんの家畜動物は見かけますが、町らしい集落はありません。

４００キロ近い道中にトイレはなく、通訳さんには「車を停めるのでいつでもどうぞ」と言われました（このときは機会がありませんでした）。舗装された道を時速１２０キロくらいで走ります。「このような所で交通事故にあったら、そうそう近くに医療機関はないだろう」と恐怖を感じましたが、少しスピードを落としたところで危険は変わりません。「日が暮れるとオオカミや強盗が出る」と言われていたので、急ぐしかありませんでした（開き直りました）。

途中の検問所で、ヒッチハイクをしている警察官に出くわし、通訳さんの判断で乗ってもらいました。警察官の姿をした強盗ではないかと私は一人で怯えていましたが、けっきょく本物だったようです。チームで仕事をしていたのに、車に全員が乗れず、彼だけがあとから移動することになったそうです。

モンゴルではこのように、日本の常識では理解しにくいような出来事によく出合いました。

モンゴルの人はバイタリティが高いのに集中力の持続時間の短い人が多く、仕事でも事前に準備はするのですが、状況に合わせてその場の瞬発力で頑張る人が多かったように思います。

エルデネトでは素晴らしい星空を見ることができ、命がけで遠くまで来た甲斐があったと思いました。「銀砂を撒いたような星空」という表現がありますが、低く暗い空に、ほんとうに砂をまき散らしたように惜しげもなく無数の星が見えて、感動しました。

今回ご紹介するのは、モンゴル出身札幌在住のハルタル・アマルトゥブシンさん（通称、アムラーさん）です。彼女はロシア国境にほど近いモンゴル第3の都市ダルハンの出身です。彼女のお義母様には、モンゴルでの仕事でお世話になりました。

アムラーさんは札幌にいるモンゴル関係者なら誰もが知っている、とてもすてきな女性です。

◎日本に来て、大学で学ぶ

私はモンゴルの首都、ウランバートル市で東洋医学の勉強をしていました。同じモンゴル人で、小学校から高校まで日本で育った夫が、仕事（自営業）の都合で札幌に住むことになり、2006年8月、札幌に来て夫と合流しました。私はその頃台湾で半年間ほど東洋医学を勉強をしていたところでした。夫からよく聞いていたこともあり、以前から日本が好きでしたし、札幌に来ることが決まったときはうれしかったです。

私はもともと勉強が好きです。なかなか来る機会のない札幌まで来て何もしないのは悔しいので、大学で研究生として勉強をしようと思いました。よく勉強すれば、いい仕事に就けたり自分のやりたいことを自由にできる環境を作れたりすると思います。

当時、モンゴル人が日本に来るのはとても難しかったので、近くには知っている人もいませんでした。情報もないのでインターネットで調べ、夫に手伝ってもらいながら全国のいくつかの大学にメールを送りました。モンゴルの家族の用事やビザの都合で一時帰国したりするなかでの学校探しはたいへんでした。当初は内科の勉強をしたかったのですが、受け入れてくれるところが見つからず、いろいろと調べているうちに、公衆衛生を希望するようになりました。

そうこうしているうちに、北海道大学の先生から返事が来て、会ってもらえることになりました。それが今指導してくださっている先生です。面接では生活のことや学費のことを聞かれたので、私はとても驚きました。というのも、モンゴルでは大学の教授はとても偉くて、生活のことなど普通の話をするなんて考えられません。

そのとき、次男はまだ赤ちゃんで、保育園にも預けられず、見てくれる人もいませんでした。その日も、面接室の外で夫が子供と待っていました。先生はそのことを聞くと、夫たちを室内に呼んでくれて、子供を「高い高い」してあやしてくれました。それでまた私は「教授がそんなことをするなんて」ととてもびっくりしました。子供もとても喜んで、きゃっきゃと声を上げました。先生は子供をあやすのも上手で、尊敬しました。私費での勉強ということを考慮し、研究生ではなく博士後期課程の受験を、先生は勧めてくださいました。

◎子育てと勉強、両立の難しさ

北海道大学の博士後期課程には、2回目の受験で合格することができました。日本に来てから日本語を学びはじめたので、入学当初はまだよくできず、また、英語も得意ではないので、勉強がたいへんで、自分には能力が足らないのではないかとよく感じていました。

たとえば、ゼミで発表するときも、わかりやすくまとめることができなかったり、内容が科学的でないと指摘されたりしました。他の人の発表を聞いても、自分の意見を表現できませんでした。同期の大学院生には、日本人のほか、中国人、エジプト人、バングラディシュ人、スリランカ人などがいました。他の学生、とくに日本の学生たちはＰＣ操作に長けていて、情報を集めるのがうまいと思いました。その頃は、統計を使った分析が良くわかりませんでした。モンゴルの大学では統計を習わなかったので、基礎ができていなかったこともあり、ゼミのディスカッションにもついていけなくて落ち込みました。

他の大学院生は独身の人が多く、夜は皆で食事に行く機会がありました。私も参加したことはあるのですが、家にいる家族のことが気になって落ち着かず、楽しめませんでした。なんとなくそのような機会から逃げるようになりました。

次男はその頃、保育園に行っていました。保育園との連絡は連絡帳でするのですが、何を書いていいのかわからなくて悩みました。たくさん来る保育士さんからのお便りが読み切れないときもあり、大事な連絡を見逃したりもしました。とにかく連絡帳には時間を取られました。

次男が1歳1か月で歩き出したときのことです。家で歩いたのは見ていたのですが、連絡帳に書いたりはしませんでした。子供は1歳過ぎたら歩くのが当然だろうと思っていて、とくに気に留めていなかったからです。1週間くらいして連絡帳に保育園の先生が「初めて歩きました。感動して涙が出ました」と書いてくれました。私はそれを読んで、カルチャーショックを受けました。「1週間も前に気が付いていたのに、どうして書かなかったんだろう」と落ち込みました。たった1行なのにどうして書けなかったのか、今となってはわかりませんが、必要な連絡事項を書くだけでなく、日常の小さなことも報告するほうがいいことがわかりました。日本人のママは日常生活の様子を細かく書くそうです。このことから小さい出来事でも自分なりに表現するのが大事だなと思いました。

当時はアルバイトもしていました。以前から関心があった温泉施設で、開店前の準備をする仕事です。朝の5時から9時まで、週に5日、4年間働きました。自分で働いてお金がもらえるのは魅力でしたが、アルバイトの後、大学に行っていたので、いつも寝不足で疲れていました。この生活のせいで、大学院の1、2年生のときは、毎日イライラして怒りやすかったように思います。

2012年に三男が生まれ、生活はまたいちだんと忙しくなりました。休学はしなかったのですが、半年は大学に行けませんでした。せっかく入学した大学院も、続けられないのではないかと感じる日々でした。その頃が、日本に来ていちばんたいへんでしたね。

◎勉強が楽しくなってきた

それまで取り組んでいたモンゴルのエイズの研究は行き詰まっていたので、指導の先生と相談して、高齢者のうつ病にテーマを変更し、先生の研究フィールドがあるスリランカで調査をしました。それまでは本を読んで知識を増やしていたのですが、自分で取ったデータを実際に扱い、分析するようになって、勉強がほんとうに始まったような気がしました。結果をどのように解釈するか、指導の先生がわかりやすく説明してくれて、実感として理解できるようになりました。

大学院に入学して2年くらいは、何度も勉強をやめようかと思いました。乗り越えるきっかけとなったのは、テーマの変更であったと思います。研究室の先生たちは、勉強が続けられるようにいつも励ましてくれて、あれこれサポートしてくれました。とても感謝しています。諦めずに頑張ってよかったです。

また、この頃から、それまで気になっていたいろいろなことも、どうでもよくなりました。私は育児をしながら勉強しているけど、他の学生たちは卒業して仕事をしながら育児をすることになります。要は同じだと思います。今は、自分は自分でいいと思えます。モンゴルでは、海外で学位を取った人は尊敬されて、いい仕事に就けます。最初、私は漠然とそんなことを考えて進学を決めたような気がします。でも今は、自分がやってきたことがどうすれば他の人の役に立つのかを考えています。

私は私費での留学ですので、日本人の学生と同じように学費を払います。ただ、申請して授業料を減免してもらったり、奨学金を支給してもらったりしました。大学で授業補助の仕事をするようになって、以前、温泉施設でアルバイトしていたときよりもずいぶん楽になりました。

２０１４年から学会発表をしています。スリランカとタイと日本国内で発表しました。発表のたびに質問を受け、一生懸命に答えを探して自分なりに回答するのは楽しい経験です。自信がついて、さらに勉強が面白くなりました。

◎日本とモンゴル、比較して思うこと

日本の生活には慣れましたが、モンゴルとの違いに驚くことは今でもときどきあります。大きく違うことの一つは教育です。「いいな」と思うことが多く、自分の子たちが日本の子供たちと一緒

に育っていること、勉強していることに感謝しています。日本では子供たちが自分の言葉で表現することを身に付けるような教育があるようです。たとえば小学校では当日の出来事を作文にする宿題があります。また、保育園では昼ごはんを食べる前に、代表の子供が最初に味見して自分の言葉で甘い酸っぱいなどの味付けや、どんな野菜が入っているとか自分で感じたものすべてを皆に発表します。他の子たちは食べた後、それぞれに感想を言うのです。自由に意見や感想を言うのが新鮮でした。これはモンゴルの教育にはまったくないもので驚きました。うちの子供たちは感じたことや意見を気軽に言う。「あれ、新しくなっていいね」とか。それがいいと思います。

日本では、社会とのコミュニケーションを図るような授業をするのがいいですね。自分も将来は社会人になるということを保育園の頃から教えています。モンゴルでは、どんな社会人になるかは気にしなくて、算数ができればよいと思っているところがあります。日本人は我慢強くて、いつでもどこでも一生懸命取り組もうとする気持ちが強いと思います。世界のどこで働いていても優秀です。チームでの仕事が得意だと思われがちですが、一人でもチームでも頑張れる人が多いと思います。

早めに計画を立てるのもよいと思います。小学校では、3月に次の4月からの1年の予定がわかるので、日本では計画が立てやすいです。モンゴルでも、夏休みだけは毎年6月1日から9月1日までと決まっています。でも他の休みや学校行事がいつあるかはわからなくて、「イベントがあるから」と急に言われます。

モンゴルの人たちにも、日本人のような勤勉さがもう少しあればよいと思います。日本人は、「工夫したらもっとよくなるかな」「どうしたら使いやすいかな」といつも考えているから日常生活が良くなる。暮らしやすいです。たとえば日本ではお料理も楽で、材料を切って炒めて調味料を入れたらすぐおいしく食べられるんですけど、モンゴルではすべてを最初から準備するので、2時間くらいかかるんです。

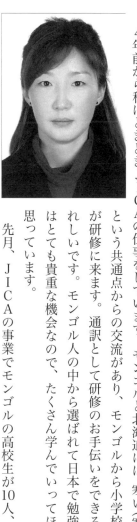

今は、モンゴルの人たちと話が合わないと感じることがあります。モンゴルの人はのんびりしていて、何もしなくても何とかなると思っている。「いいと思うことを自分からやってみたら?」と提案しても、「何を言っているんですか」と言われてしまいます。伝わらないのが残念です。モンゴルの人たちの考えが変わらないと、国も変わらないので、小さい子供の教育から変わらないといけないと感じますね。

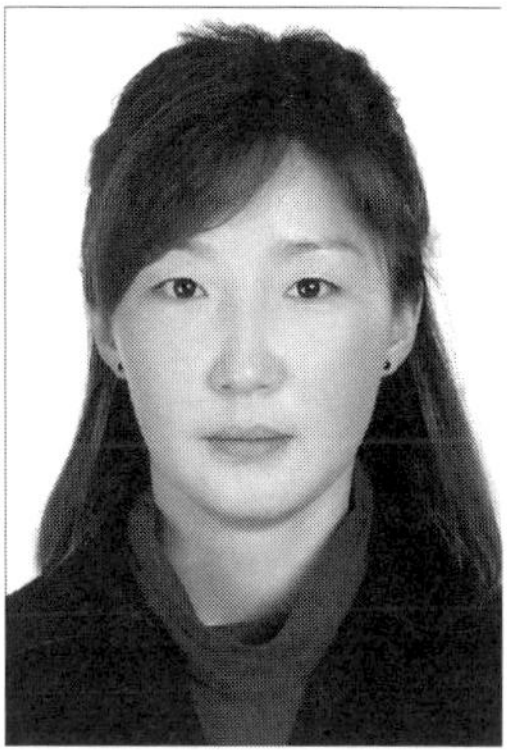

4年前から私はときどきJICAの仕事をしています。モンゴルと北海道には「寒い(寒冷地)」という共通点からの交流があり、モンゴルから小学校の先生が研修に来ます。通訳として研修のお手伝いをできるのがうれしいです。モンゴル人の中から選ばれて日本で勉強するのはとても貴重な機会なので、たくさん学んでいってほしいと思っています。

先月、JICAの事業でモンゴルの高校生が10人、北海道に来て1週間、道東の高校生と交流をしました。ホスト高校が中心となってプログラムを組んでくれて、ホームステイもしました。私は通訳として付いていって、いろいろな体験をしました。高校はもちろん、企業や大学の見学もありましたが、どこも協力的に受け入れてくれました。科学会館では、フィンランドからの中継でオーロラが発生する映像を見ました。オーロラはどうしてできるのか、先生が解説をしてくれました。そして、環境とオーロラの色の変化についても教えてくれて、人間が環境を変えたことによりオーロラの色も変わってしまったと説明してくれました。人間には変えられるものもあるし、変えられないものもあるという貴重なお話でした。

そのとき、モンゴルの高校生があまり質問をしなくて残念でした。「どうして意見を言ったり質問したりしないのか」と聞くと、自分の意見が子供っぽい気がして恥ずかしくて言えなかったという答えが返ってきました。その考え方はとてももったいないです。間違ったことを言えば先生がまた教えてくれる。何も言わない人に説明はないです。間違っているかもしれなくても、発言するほうが絶対いいです。モンゴルの高校生は「将来日本に留学したい」「科学者になりたい」と夢を語りました。私も、通訳のプロではないので、内容を予習したりしてたいへんでしたけど、有意義な時間を一緒に過ごさせてもらいました。日本は天然資源が少ない分、人材開発に力を入れているように感じます。世界に貢献する人を育てようとしているところがいい。モンゴルは天然資源の多い国ですが、人の開発にももっと力を入れたほうがよいと思います。

◎日本とモンゴルの架け橋になりたい

長く大学にいましたが、もうすぐ終わります。将来は就職し、できたら日本とモンゴルの架け橋になりたいです。日本語がわかるようになったので、日本語を生かして日本の良さをモンゴルや世界の人々に伝えたいと思っています。就職の場所は一人では決められなくて困っています。子供たちの将来を考えるとしばらく日本で働きたいのですが、私の両親には私にモンゴルで働いてほしいという希望があり、すごく難しい状態で、今のところ将来住むところは未定です。

日本に来る前、台湾で留学していたときの先生が「金持ちは貧しい人々に、力の強い人は弱い人々に助けの手を伸ばすべき」と言っていました。当時の私は若すぎて深い意味を理解できていなかったけど、今はわかります。私は、自分の体験や日本語の能力を生かして、誰かの役に立ちたいです。

60歳の日本人女性がモンゴルで孤児を集めて食事を与え、学校に行かせているのを、テレビで見ました。子供たちと一緒に笑ったり泣いたりしていました。その広い心が素晴らしいです。「モンゴルにもお金持ちはたくさんいるのに、なぜ日本人が…」と思います。お義母さんにその話をしたら、「その女性に会ってきます。自分にできることで協力したい」と言っていました。

お義母さんはモンゴル人の医師で、仕事で日本に来て、育児も日本でしました。日本で育った子供のひとりが私の夫です。日本の文化や生き方をよく理解している彼女を、私は尊敬しています。モンゴルを少しでもよくするために、日本での経験をモンゴルの人たちに話したりしているようですが、なかなか通じなくて、よく「でもここはモンゴルだから」と言われるそうです。それでも、諦めずに発信しつづけていて、すごい人です。

２０１５年に、北海道大学をはじめ、全道の大学院生たちと一緒に「北海道モンゴル交流協会」を作り、理事の一人になりました。モンゴル人同士で助けあったり、新たに来たモンゴルの人に情報を提供したり、生活の困りごとに対して一緒に考えたりします。自分の時間とお金で活動するので負担はありますが、経験を伝える場になっていて、やりがいがあります。他には外部からのモンゴルについての問い合わせに対応したり、日本の人たちとの交流の機会を設けたりもしています。北海道庁などから交流の依頼を受けたこともあります。

この交流協会ではボランティアもします。日本で不要になった冬の衣類を、破れていたら繕ったりして、モンゴルに送ります。モンゴルの冬は寒いので、とても喜ばれています。北海道モンゴル交流協会の正会員には、今のところ日本人はいません。でも、いつでも歓迎しています。

最近、あるＮＰＯ法人が国際交流の目的で開いている料理教室で講師をしました。準備がたいへんで、一時は断ろうかとも思いました。事前にレシピを書くのですが、日本人のように「塩何グラム」等と正確な分量は言えないんです。でも、参加者が楽しそうにモンゴル流の肉餃子を作り、具を皮で包むときも、きれいに包むために努力してくれて、そんな姿を見たらすごく幸せな気分になり、エネルギーをもらいました。これからもいろいろな人と関わりたいと強く思いました。

◎日本で成長できたこと

日本に来てからもう10年になります。思い返して見れば、「自分はなにをやりたいのだろう」と毎日が自問自答の日々でした。日本に来たばかりの頃は、日本人じゃないからという思いから自分に甘かったです。大学院のゼミや打ち合わせのとき、話の方向を間違ったり、表現力が足りなかったり、わからないことと向きあわず誰かに聞くような努力を後回しにしていました。今考えると、「この人、大学を卒業しているのにこんなことも知らないのか」と思われるのが怖かったということもあったと思います。

日本人がさまざまな知識を持っているように見え、なぜ日本人はこんなにすごいのと驚いていました。日本では誰でも、インターネットにより正確で豊かな情報を得る力があるからだと思います。モンゴルで偉い人、学歴のある人などは、人から聞いたことを事実のように人に話します。自分がほんとうには理解していなくても、エビデンスがなくても気にしない。「それ、どこで見たのですか」と聞くと、実は見ていない、誰かから聞いただけ。私はそういうことはしません。知らないこと、わからないことはそう言います。そして勉強します。

今まで、不十分なことが多くて恥ずかしい経験をたくさんしました。でも、それを生かして、周囲の人に感謝しながら、考え方や行動も変わりつつあるのが今の私です。日々の体験が何よりも私の宝だと思っていて、そのことを自慢したいです。

上の息子がこの春中学生になります。今は、日本での生活にすっかり慣れました。札幌は食べものはとてもおいしいし、気候もモンゴルと似ているので、まるで自分の国で暮らしているように感じています。200万人近く住んでいるのに、とても静かで暮らしやすいです。また、自然に恵まれているところも好きです。

モンゴル人300万人の中で、何かに選ばれるようにして日本で生活する機会を得ました。モンゴルではできないような生活の中でいろいろな体験をして、自分でも成長したと思います。日本に来る前とは違う自分になっています。これからも、自分らしく忙しく毎日を過ごしたいです。

私が出会ったモンゴルの女性たちは、しっかりした働きもので楽しい人ばかりでした。アムラーさんも、かわいくて働きものの女性です。

モンゴルの人たちは、今でもチンギス・ハーンのことを誇りに思っていることが印象的です。病院の院長先生のお部屋には、「モンゴル帝国」の大きな地図が壁に貼ってありましたし、モンゴル人とどんな話をしていてもチンギス・ハーンの話題に行きついたりします。たとえばモンゴルの看護師と、産後ひと月の母体の観察事項について話し合ったとき、私は「母乳の分泌」「体重の変化」「疲労や睡眠の状況」などが気になったのですが、「私たちはチンギス・ハーンの子孫で強いから大丈夫」と言われて、なんだか感動しました。ほんとうに厳しい気候の中、たくましく生きているモンゴルの人たちを尊敬します。「寒冷地つながりで北海道ともっと交流が深まるとよいな」と私は思っていて、アムラーさんの活躍を期待しています。

ジャカルタ、ブロックMのバス停風景

日本の食文化を伝える料理人

小西勝昭さん

「北海道の人はある意味『いい加減』です。そういう意味でインドネシア向きかもしれませんね。『ここまでは目をつぶろう』というように、自分なりの基準を決めることが大切です」

札幌市手稲区出身。ジャカルタに来て以来、ホテルやレストランで日本食の調理をしている。

【キーワード】
インドネシア共和国（Republic of Indonesia）
人口　2億5756万人
面積　190・5万平方キロ（日本の5・04倍）
首都　ジャカルタ
1人当たりGDP　3492ドル
在留日本人数　17893人
在日インドネシア人数　32524人

小西勝昭さんは日本食レストランの調理師で、ジャカルタ在住32年。今回インタビューした中では最年長の72歳で、現地の方と結婚されています。

「日本食レストラン」という言葉は日本国内ではあまり使われないかもしれません。カレーやラーメンのように日本的にアレンジされた外来食も含め、日本で一般に食べられている食事を提供する海外のレストランのことを、日本食レストランということが多いようです。世界での日本食への関心は高まっており、海外日本食レストランの数は約8万9000店（2015年、農林水産省）、2013年から2015年の2年間で1・6倍に増加しています。

小西さんには、彼の職場であるジャカルタの日本食レストラン「焼肉割烹　夢屋」でお会いしました。お店のあるブロックMという地区は、ジャカルタ南部にあるビジネスやショッピングの中心地です。スーパーや雑貨店もあるのですが、札幌の「すすきの」のような歓楽街でもあります。日本の食材を買えるスーパーやレートのいい両替屋さんもあるようで、現地在住の日本人や観光客が集まるエリアとなっています。通りの左右には車やバイクが駐車され、炎天下の中、とてもたくさんの人が歩いていました。

夢屋は1階はお寿司、2階は焼肉が食べられる清潔で落ち着いたお店です。小西さんの持ち場はもちろん1階のカウンターです。このお店のお客さんは日本人のグループや常連さんのようで、インドネシア人のウェイトレスさんが数人、和風のユニフォームでにこやかに接客をしていました。

注文した天ぷらうどんに入っていた玉ねぎの天ぷらがとてもおいしくて、私がそう言うと、「玉ねぎの繊維を切るようにして刻んでごぼうと一緒にかき揚げにすると、ふわっと広がっておいしいんだ」と、小西さんは仕事人の顔で言いました。今度お会いするときには、小西さんの手にかかったかき揚げを食べてみたいものです。

小西さんの出身は札幌市手稲区。小樽市や石狩市とも隣接する地域です。南西部に位置する手稲山（標高1023・1メートル）は1972年の札幌冬季オリンピックのアルペン競技やボブスレー、リュージュ競技の会場となったところで、四季折々の豊かな自然や山頂からの日本海の眺望が素晴らしいです。

手稲区の人口は約14万人（2017年1月1日現在）で、現在もなお増加しているという北海道では珍しい地域です。JR手稲駅は1日の乗車人員数が約1万5000人、この数字はJR北海道旅客鉄道株式会社では札幌駅に次いで2番目です。バスターミナルがあり、通勤・通学の人が多く利用する交通の要所ともなっています。

さて、小西さんは身長は高すぎず低すぎず、筋肉がほどよく付いていて動作に無駄がなく、健康な感じが伝わってくる人です。表情の変化が少なく口数が少ないように一見見えますが、実は無口なタイプではなく、ぽつりぽつりといろいろなお話をしていただきました。

◎ジャカルタで調理師として働く

僕は1984年、ホテルの日本食レストランの調理師として、ジャカルタに来ました。今は「夢屋」で、16時から22時まで働いています。定食や焼肉がよく出ています。夜だと客単価50万ルピー(約4000円)くらいの高級店で、日系企業の社用族の利用が多いです。日本食の仕事は、日本人が多いときには景気がいいのですが、日本人の数にも波があり、また最近は日本食レストランも増えているので、経営は難しいでしょうね。

インドネシアの料理は全般に揚げものが多く、魚も揚げて食べることが多いです。そのようなインドネシアで日本食を作る苦労はいろいろあります。たとえば、こちらで手に入る魚は、水温が高いところで育っているせいか、柔らかくて刺身にしにくいです。輸入食材にはいちいち販売許可が必要で、許可が下りるまで時間がかかったりお金がかかったりします。ときには数か月もかかることもあります。味噌や油揚げなどは、この国でも生産しているので、いつでも安く買えます。韓国の食材も買いやすいです。

インドネシアの人たちは一般に親日的で、日本に対していいイメージを持っています。牛丼やカレーなどの日本食も人気があります。ここでは日本食を習うような学校はないので、日本食の調理人になりたいインドネシアの人はレストランで働きながら仕事を覚えます。僕もずいぶん多くの人に調理を教えたけど、モノになるのは10人に1人くらいしかいないという印象です。若い人に本気が足りないというか、この国は1年中気温が高く、多様な農業が行われているため、食べるだけであればそれほど困らないせいか、仕事に対する真剣さが足りないように感じるときがあります。

北海道の人もある意味「いい加減」です。そういう意味でインドネシア向きかもしれませんね。こういう国での仕事は、あまり神経質な人にはできないと思う。自分だけ頑張っても100％日本のようにはできないことばかりです。「ここまでは目をつぶろう」というように、自分なりの基準を決めることが大切です。

1998年のジャカルタでの暴動のときは、日本政府の特別便なども用意され、多くの日本人が急いで帰国し、日本人人口は急激に減ってしまいました。当然ながらお客さんが来なくて、きつかったですね。街中でガラスが割られた建物や車から煙が出ているのは見ましたけど、私の周りでは直接の被害はありませんでした。

◎意外と暮らしやすいインドネシア

長くインドネシアに住んでいるので、今ではもう苦労と言えるようなことはありませんが、ここでは外国人ですから、ビザがうっかり切れてしまわないようには気にかけています。インドネシア人と結婚しているので配偶者ビザももらえるんですけれど、インドネシアの場合、配偶者ビザでは働けないので、それはあえて取らずに就労ビザを更新しています。

ビザの更新はシンガポールでしています。日本でもできますが、日数がかかりますし、そのための宿泊費など経費も多くかかるんですよね。シンガポールでは業者が必要な手続きをすぐやってくれるので、日帰りで済みます。

インドネシア語は、こちらに来てから耳で覚えました。発音やニュアンスが日本語と似ている部分があって、３００くらいの単語を知っていれば生活には不自由しないと言われています。６か月くらいで日常会話には不自由しなくなりました。

インドネシアに来てすぐの頃は、日本語のわかるインドネシア人の事務員さんに仕入れなどは頼んでいました。日本食レストランでは、インドネシア人の店員も日本語を話せるのが当たり前なので、最初からそんなに苦労はしませんでした。インドネシア語を書くことは今もできないけど、さすがにもう覚える気はありません。メニューなどは僕が日本語で言ったものを、現地スタッフにインドネシア語で書いてもらっています。

インドネシアは北海道の雪のある生活に比べると楽で、暮らしやすい土地です。北海道は自然環境が厳しく、冬なら外にいるだけで死んでしまいかねません。インドネシアは常夏なので寒い時期がありません。ツナミもジャカルタまでは来ない。台風もありません。台風というのは赤道以北の海上、フィリピンあたりで発生する熱帯低気圧が発達したものなので、フィリピンより南側にあるインドネシアには関係ないんです。

気になるのは地盤沈下ですね。インドネシアでは全国的に水道の普及率が低く、地下水を利用していることもあり、地盤が沈下しつづけています。大雨のときには洪水になったり、大雨と満潮がタイミング的に重なったときに川の水が海に流れず逆流したりしたこともありました。

◎死んだら北海道に戻ろうかな

ここは遊べるところが少ないです。昔は違法カジノなんてものもあったけど、今はそれもない。家にいてもとくにやることがないし、仕事に行くのがいちばん楽しいですね。

56歳のとき、死ぬかと思うような大病をしました。心筋梗塞でした。日本やインドネシアでいろいろな検査や治療をしました。心臓の血管の狭くなったところを内側から広げるステントという治療を希望したのですが、札幌の病院では「適応にならない」とかでその治療を受けられなくて、ジャカルタの病院で受けました。6か月間苦しんで、3年間は仕事ができなかった。それを思えば今は仕事ができるまでに回復し、とくに痛みなどもありません。ほんとうに良かったと心から思います。血糖値が高いときもあるので、生活の中で運動するように心がけ、毎日2キロくらい歩いています。

北海道には、毎年9月に帰ります。地元の手稲で3クラス合同の同窓会に出ています。もともと3クラスあわせて140人くらいの生徒がいたのですが、もう今集まるのは20人くらいかな。この歳になると亡くなった同窓生が増え、参加者も毎年1人くらい減っている。約3分の2は地元で暮らしていて、あとは道内各地から集まってきます。海外にいるのは私だけ。ガルーダ航空の安いチケットを、半年前から予約して楽しみにしているんです。元気に行かなくちゃ。

北海道に戻って暮らすのは、冬の寒さが耐えられないので、もう無理だと思っています。心臓のことを考えると、寒いのは良くないですからね。ここには家もあるし、生活の基盤もあるから、今後もずっとジャカルタにいるつもりです。

でも、死んだら北海道に戻ろうかなと。インドネシアにはイスラム教徒が多く、一般的に土葬ですが、中国系も多いから、希望すれば火葬もできます。私が死んだら火葬にしてもらって、お骨は、妹が北海道から来て持って帰ることになっています。病院で死亡診断書を書いてもらって大使館に死亡届を提出して、その他の手続きや諸々の費用は50万円くらいのようです。

「北海道の人もある意味『いい加減』で、インドネシアのような国での仕事に向いているかもしれない」というのは、私の感じていたことと一致したのでうれしくなりました。

小西さんがカウンターの中に立つと、インドネシアの板前さんが場所を空けていました。板前さんたちも給仕の女性も和の趣きのあるユニフォームを着ており、海外の日本食レストランなら当たり前かもしれませんが、日本国内よりも日本的な感じです。

海外で日本食を商品・サービスとして売るというお仕事は、日本文化を世界に売るという最前線だと感じました。小西さんは雰囲気も体格も若々しくすてきでした。生涯現役で、インドネシアの青年に日本食を指導していただきたいと思った私です。

想像することと書くことが私の仕事です

河合カサンドラさん

「これからも私はここ北海道で暮らします。ここでは外国人として普通に生きることができます」

アメリカで中国語とジャーナリズムを専攻したのち、地元、アラバマ州のタスカルーサ新聞で報道と編集の仕事に携わる。日本人と結婚して北海道に来てからは女子大や総合大学で英語を教えている。大学教員（応用言語学）である夫と札幌でふたり暮らし。

【キーワード】

アメリカ合衆国（United States of America）

人口　3億2177万人

面積　982・7万平方キロ（日本の26倍）

首都　ワシントンDC

1人当たりGDP　5万4306ドル

在留日本人数　41万4247人

在日アメリカ人数　5万1523人

今回ご紹介する河合カサンドラさんは私の隣人です。東京でもなぜかお隣りは外国人だったので、私が選ぶ生活の場には、外国人が暮らしやすい何かがあるのかもしれません。他の階にも外国人の方がいらっしゃって、このマンションの「外国人のいる世帯率」は高いです。

引っ越しの挨拶で彼女と出会って以来、たまにではありますが、おかずを分け合っています。彼女は、私の夫が作る豆のカレー（インド・パキスタンの豆のカレーは世界に誇る家庭料理だと私は思っています）を気に入ってもらえてうれしいです。わが家には宗教上避けている食材が多数あるのですが、それらをもらっていただいて助かっています。彼女にはアレルギーのある食材があるので、それらをうちで使わせていただいたこともあります。

本をお借りしたこともあります。彼女のうちにはたくさんの本があります。子供の英語の本を貸していただいたときに、私の読む本もお借りすることになりました。そのときは、箱ごと50冊の本を持って来てくださって、その量に圧倒されましたが、選んだ本が不思議と私の趣味に合っていて驚きました（私は実は推理小説しか読まない）。そんなやりとりが楽しいのは、彼女の人柄によるのだと思います。

ご出身のアラバマ州はアメリカ南部に位置し、東にはジョージア州、南にはフロリダ州があります。私は千葉大学の学生だったときに、姉妹校であるアラバマ大学に、1か月間、語学研修に行きました。アラバマ大学は、ジャーナリズム学とアメリカンフットボールで有名な総合大学です。このときに、生まれて初めて竜巻（トルネード）に遭遇しました。トルネードは積乱雲の下に発生する、地上から雲へと細長く延びる渦巻き状の上昇気流のことで、猛烈な風で森林や建物を破壊する気象現象です。「トルネードが来るから寮の地下室に避難するように」と指示され、何がなんだかわからないまま移動しました。地下室は広く快適ではあったのですが、やることがなく、トルネードが通り過ぎるまでビリヤードをして過ごしました。そのトルネードでは2人が死亡したと後で聞きました。私の育った名古屋の西部は台風の被害を頻繁に受ける地域で、洪水のために学校に行けないことがよくあったので、自然災害の経験にはちょっと自信があった（？）当時の私でしたが、それでも世界にはすごいパワーのある災害があるものだと驚きました。

市民のほとんどが航空宇宙産業に携わっているハンツビルという街のアメリカ航空宇宙局（NASA）を訪問したことや、大学でアメリカ人のルームメイトと暮らした寮の名前などを、まさか30年も経ってから北海道で話題にするなんて、人生というのはわからないものです。大きなテレビに向かって、映画館のようにいくつもいすがある日当たりのよいリビングで河合さんのお話を伺いました。

◎英語に使われるのではなく、英語を使う人間に

1995年、結婚を機に北海道に来て、18年前から大学で非常勤講師として英語を教えていま

す。今は毎週月曜日に、理系の大学生にクリエイティブライティングという科目を教えています。これはストーリーテリングとも言い、物語を創造して表現する手法です。想像力をたくさん使います。科学者にはイマジネーションが必要ですので、この科目は理系の学生に適していると思います。授業ではまず、チャートで「物語の型」の考え方を示します。物語には対立や葛藤、障害などのできごとがあります。

私は学生たちに、「英語に使われるのではなく、使わなくてはいけない」ということを教えたいと思っています。この科目の内容は、文法の勉強などと異なり、英語を使う能力を培います。自分の目的のために新しい言葉を試してみたり、言葉で遊んだりしてほしいと思っています。試験に合格するためにとか、履修単位の数を合わせるために授業をしているわけではありません。自己表現の能力と手段を与えるつもりで教えています。

授業では、彼らが考えてきた表現を最大限生かすように指導します。キャラクターを作り、ストーリーを考えて英語で表現することは、大学1年生にとってとてもたいへんで、大きな困難を伴う課題です。彼らは若いですし、体験、とくにつらい経験が少ないので、ストーリーを作り出すのはときとして難しいのですが、しかし、この過程を経ることで英語は使えるようになります。学生の中には、「日本語で書くよりも英語で書くほうが、しっくりくる（comfortable）と感じた」と言う人もいます。学生たちの若い身体から物語を抽出するために、教師として私にできることはすべて行います。金曜日には大学に行き、提出された課題を教務課から回収します。週末にこれらをチェックしてフィードバックを書き込み、月曜日に学生に返します。

前に教えていた女子大の学生たちは翻訳が上手でした。彼女たちは日本文学専攻で、日本語への関心が高かったからだと思います。自分の国の言葉ができる人は当然外国語もできるようになります。

私は20代の前半、新聞社で編集の仕事をしていました。今でも編集作業は好きですから、学生の文章の間違いを直すのは苦になりません。宿題をやっていてどう表現したらよいかわからないときは、メールで私に質問をしていいことにしています。学生たちのことは好きだし、教えることは楽しいです。個性的な学生はとくに好きです。

◎人種差別、女性差別をテーマに物語をつむぐ

教えることとは別に、文章を書くことも私の仕事だと思っています。そう、この部屋が私の仕事場。書くことは私にとって人生のすべてで、それによって私の人生には栄養がいきわたります。もし想像も創作もできないとしたら、私は死んでしまいます。17年間、私はいくつかの筆名で小説を書いてインターネットで無料で公開してきました。書くときには、想像に時間を使います。だから書く仕事のほとんどは、頭の中でするとも言えます。深く考えて、もっと考えて、もう一度考えて、何かいいことを思いつくようにしたいものです。頭の中の仕事、たいへんですよ、忙しいです。

私が書くのはフィクションです。今、書いているのは、アメリカ南部の黒人の助産師の話です。コンテストに投稿するものなので、詳しくはお話しできないのだけれど、年配の助産師が主人公です。アメリカ南部では、出産の当事者である女性たちがないがしろにされて、女性たちの意志と関係なく権威ある人間が出産の仕方などを決めてきた歴史があります。その中で、ある助産師は仲間である女性たちのためにいい仕事をしていたのに、乳児死亡率が高いことを責められて、仕事を辞めさせられます。赤ちゃんの死は、世代をまたいで長く続いた人種差別からくる貧困が原因なのに、助産師が非難されたのは、不適切でとてもばかげています。彼女は母子の救命に全力で取り組んでいて、しかもそれだけではなく、貧困や白人中心の医療に負けないよう女性たちを励まし、生き抜く方法を伝えます。女性としての人生を愛し、女性たちを愛し、助けることに喜びを感じるすてきなおばあさんの話ですので、この物語で人種差別に関する記述は20%くらいの分量に抑えようと決めました。

物語を書くためには、もちろん調査をたくさんします。アメリカ南部の助産師の歴史的資料が見つかったことで、今回の執筆の方針が決まりました。よく見つけることができたと思います。

平日も執筆しますが、週末は長時間集中して、いすに縛り付けられたように机から離れません。誰かが訪ねてきてドアチャイムに対応するために立つだけでも、腰が伸びて体にいいような気がします。夜に書くのは好きではないので、時間を区切って執筆しています。締め切りがある場合は、1日の分量を決めておいて、それを目安に書きます。スピードは速いほうだと思います。

取材のためにというわけではないのだけれど、アイヌのイベントにもときどき行きます。そこで私はほんとうに尊敬できる人に、何人も出会いました。アイヌの子供たちは学校に行きながら、家ではアイヌの言葉や文化を勉強するので、若い世代もアイヌ語で話したり歌を歌ったりできます。そのように文化を継承することは価値あることですが、容易ではありません。

北海道でアイヌは、和人との不平等な交易を強制されたり、不利な労働条件を押し付けられたりした歴史があります。明治時代には法律によって一定の権利が保障されたようですが、日本が戦争を始めたときには、アイヌも和人と同様に徴兵され、しかも軍隊内部で差別されたそうです。日本人は差別の歴史を忘れないよう学びつづけるほうがいいと思います。「アイヌ」と「和人」の関係は、アメリカでの「アフリカン・アメリカン」と「白人のアメリカ人」、また、「ネイティブ・アメリカン」と「白人のアメリカ人」との関係に似たところがあります。

◎アラバマ州の家族のこと

生まれたのはアメリカのアラバマ州です。私は、2人の弟と6人の妹がいます。両親共に2つの大陸に起源を持ち、それぞれネイティブ・アメリカンとアフリカ系の血筋と文化を受け継いでいますが、父はネイティブ・アメリカンのほうを多めに、母はアフリカ系のほうを多めに受け継いでいます。そのため、私は自分のことをネイティブ・アメリカンとアフリカン・アメリカン、半分半分だと思っています。このことは私にとってアイデンティティの中心です。私はこれら両方の文化、価値観、伝統と共に育ちました。先祖であるネイティブ・アメリカンの言語を私はまだ学んでいませんが、いつか習いたい、習う必要があると思っています。アフリカン・アメリカンの方言のような英語の話し言葉を、私はもちろん深く理解していますし、彼らの豊かな口頭表現文化やすぐれた口承伝説を愛しています。

家族でペチャクチャおしゃべりしながら髪の手入れをするのは、私の民族の女の子たちの楽しみです。妹が私の髪を編んでくれて、私が別の妹の髪を編んで、従妹たちも一緒になってにぎやかに連なって三つ編みをしあったりするのは、私の人生にとってごく普通のことでした。今の生活にはそういうことがなくて、寂しく感じます。

夜には足を洗わないと眠れません。アラバマでは周囲の人は皆、夜寝る前に足を洗っていました。誰もがしていることだったので、それをしない人がいるなんてことは思いもしませんでした。でもこの習慣、日本にはありませんね。寝る前に足を洗うことが自分にとって欠かせないことだと、日本に来てはじめてわかりました。1か所にいたら気が付かなかったことです。

アラバマという場所では、多くのアフリカン・アメリカンとネイティブ・アメリカンが出会い、愛しあい、家族を形成しました。私の生まれ育った大切な場所で、大切な人たちが暮らしています。私の親戚の人数を聞いたら驚くことでしょう。アラバマには、私と共通のDNAを持った人がたくさんいます。私が知っているだけで母方では46人、父方では53人のいとこがいます。親族のほとんどは今でもそこで生活をしています。

◎生涯の伴侶と出会って日本へやってきた

小学校は、統合学校（integrated school）に通いました。統合学校というのは人種差別をしないで生徒を受け入れる、つまり白人と黒人が一緒に勉強する学校のことです。

教育だけが人種差別から抜け出す道でした。人種差別主義（レイシズム）というのは、ある民族を他の民族よりも下だということにする社会的・法律的なシステムのことで、多くの場合、その民族に対し否定的な先入観を形成します。レイシズムがあると、同じ仕事をしても他の民族の人よりも給料が低かったり、同じ資格があっても雇用される機会が少なかったりします。その民族によくある名前の人は仕事を得るのが難しかったりします。同じ罪を犯した場合であっても、他の民族の人よりも重い罰が科せられたり、社会的にもより多く責められたりします。私がラッキーだったのは、母が読書好きで、よく勉強させてくれたことです。アメリカにはクロスワードパズルのコンテストがあるんですが、母はそれで賞金を獲るような人だったんですよね。そしてそのお金でいつも子供たちに最新の百科事典を買おうとするような人でした。

私は大学時代にジャーナリズムとアジア研究を専攻しました。アメリカでは、ダブルメジャーと言って複数の専攻を持つことができます。アジア学では東アジアのとくに中国を中心に勉強していたので、中国語のクラスを取っていました。在学中から地元の新聞社に勤務しましたが、その後私は22歳の頃、台湾で英語を教えながら、外国人向けの中国語クラスを履修しました。週に

2時間の英語の授業を6クラス教えれば、外国語センターで好きなだけ中国語のクラスを受けられるシステムでした。

台湾に2年半いた後、アメリカに帰国し、アラバマ大学の事務職員として働きはじめました。留学していた今の夫と出会ったのはその頃です。政治についてなど、ずいぶん議論したものです。彼の日本の大学での仕事が決まったときに、結婚を決めました。25歳でした。1995年の3月、北海道にやってきました。とても寒かったのを覚えています。それ以来21年間、札幌に住んでいます。冬の寒さには慣れませんね。少しでも暖かい日はうれしいです。

札幌に来てしばらくは、とても寒いエレベーターのない公務員宿舎に住んでいましたが、ある日、夫が今のマンションを見つけて、「引っ越そうか」と言いました。それまで彼は、家についてとくに意見を言ったことがなかったのですが、たまたまここを見つけて住みたいと思ったようです。ここでの生活は気に入っています。このマンションの住民は皆忙しく、人のことに構わず生きているのがいいですね。

私は2011年3月11日、東北で地震と津波が起こったとき、ここにいました。被害はアメリカでも大きく報道されたので、私の家族は心配して、「戻ってくるように」としばらくの間、くりかえし言ってきました。でも、夫を一人で残していくことはできません。アラバマの家族も、ついにはそのことを理解してくれました。

2011年4月、巨大な竜巻がアメリカで2回発生し、アラバマを引き裂きました。最初の竜巻ではいちばん下の弟が死にそうになりましたし、２つ目の竜巻は母と二番目の妹を殺すところでした。２つの竜巻が、私の家族全員を殺したかもしれないと気づいたときには衝撃を感じました。この経験から私は、東北の人々に同情と共感をいっそう強く感じるようになりました。

◎日本での外国人としての生活

アメリカでは今でもアフリカン・アメリカンに対する人種差別があります。私の場合、アメリカでの入国審査はたいへんです。空港でほんとうに時間がかかります。信じられないでしょ、自分の国なのに。夫は透明人間みたいにさっさと通過するのに、私はたくさん質問されて、検査されて、トランシーバーで連絡されて。犯罪者だとわかるまで調べようとしているみたいに時間がかかります。職業は主婦だって言っているのに、「どうやって生計を立てているのか」とか、「どうして日本に住んでいるのか」とか聞いてきます。主婦って何か知らないのかしらね。ただ、ニューヨークの空港では「はい、行っていいです」という感じですぐに通してくれました。判断基準が少し違うってことでしょうね。

日本では、私自身は黒人に対する偏見は感じません。日本人は中国人と韓国人に対しては人種差別をするらしいけど、私は皮膚の色が黒いからと言って不当に扱われることはないです。温泉も行きますよ。夫がちゃんと私のことを説明してくれるから、全く困らないです。

私の日本語は、今でもあまり上手ではありません。中国語ができるので、漢字は少し読めますが、言葉の意味はわかっても、深くは理解できないことも多いです。夫がコレクションしてくりかえし読んでいるミステリーを私も読みたいけど、それほどのレベルではなく残念です。こんな日本語でも日常生活には不便はなく、何が欲しいかなどは伝えることができます。病院の受診もひとりで行きますよ。

タクシーに乗るときには運転手とのやりとりにストレスを強く感じますね。運転手がやたらと親しげに話しかけてくるのです。「近いから歩いたら？　健康のためだよ」。私が「足が痛くて病院に行きたいんだ」と返すと、「もっと近くに北大病院があるじゃない？」。運転手さん、アドバイスしてくれてありがとう。でも病院は自分で選べます。

なぜかそうやっていろいろと話しかけられます。夫も「信じられない」と言うんですけど、ほんとうなんです。歩いているだけでも、いろいろな人が話しかけてくるんですよ。フレンドリーな表情をしているわけでもないのに、知らない人が近寄ってくる。ほんとうに嫌です。私って全然社交的ではないし、第一、人間があまり好きではないんですよね。

◎北海道の暮らしで楽しんでいること

私は科学が好きで、天体物理学とか神経科学とか宇宙や脳に興味があります。日本に来て良かったと思うことのひとつは、テレビのドキュメンタリーがすぐれていることです。日本の番組は広く情報を集めて作られていて素晴らしいです。録画もよくします。１９２件くらい録画したけど、見る時間がないんですよね。

飛行機に乗ると、翼の動きを観察します。飛行機の翼には何種類かあって、動きを物理学の視点で見ていると飽きません。飛行機事故の解説もよく見ますね。飛行機がどのように動くのか、パイロットの気持ちが生理的にどう働くのか、どちらも興味があります。夫の出張のときなど、彼を送って空港に行ったときには、駐機場の飛行機の動きをずっと見たりします。日本の飛行機はいつも確実に同じ動きをする。厳しいプロトコルがあるんでしょうね。見事ですよ。他の飛行機は、そのときどきに気まぐれな動き方をしたりしますね。私は日本の飛行機、とくに全日空が好きです。

夫はとても日本的な食事をします。彼は納豆や梅干しや蕎麦などが好きです。アラバマでも米を食べますし、日本食でもたいてい問題ありませんが、私は肉食ですから、夫と同じものはあまり食べません。お互いに好きなものを食べているので、国際結婚ですが食べものの問題はないです。

アラバマでは野菜がおいしかったんです。コラードグリーンだとか、ターナップグリーンだとか、ライマビーンズだとか。ここではアラバマの野菜が手に入らなくて残念です。

料理はしますけど、夏はあまりしないかな、暑いから。お菓子はよく作ります。クッキー、パイ、コーヒーケーキなど。友達にもあげます。気まぐれに作りたくなるんですよ。昨日も、ずっと前になくしてしまったレシピを思い出しながら、家にあるものでパンを焼いてみたら、あら不思議、魔法のようにおいしいものができました。

洋裁を最近始めました。お母さんが洋裁の先生だというザンビア人の友人が、本を貸してくれたり教えてくれたりしたので、10年間クローゼットの上に置いてあったミシンが活躍するようになりました。赤と金色の生地で巻きスカートを作っていると、わくわくします。私が完成品を見せると、皆、「日本人はこういう色は着ないわよ」と言いますが、着るのは私だから気にしません。義母はお裁縫歴75年ということで、ときどき手伝ってくれます。義母が作ると、売りものになりそうなくらいきれいにできます。私自身は、アフリカと日本の生地を使ってものを作り出すことを目標としているので、今後も続けます。自分の着るものを作っていると思うと元気が出ます。

北海道は寒いけど、好きです。どこもきれいです。夫と山のほうを車で走ったりします。洞爺湖や昭和新山など、いろんなところに行きました。地名はちゃんと発音できないのだけど、どこもよかった。十勝は全部好き。風景も食べものも。とくに肉。どんな肉もおいしかった。夫が、その地域の面白いものや話題性のある場所を探して連れていってくれるんですよね。岩見沢市の萬念寺に安置されているお菊人形も見に行きました。髪が伸びつづけている人形、不気味でしょ。私は羊蹄山が気に入っています。もっと大きいといいのにね。羊蹄山と尻別岳が夫婦だって話があることを知っていますか。伝承があるんですよね。壮大なラブストーリーです。

北海道は食べものがおいしく、いろいろな食べものを楽しんでいます。私の携帯電話の中には、北海道のおいしいものの写真がいっぱいあります。北海道のバウムクーヘンはどこのものよりもおいしいと思います。チョコレートも大好きですけど、ホワイトチョコレートはカカオの味と香りがしないから好きじゃないですね。

◎これからも北海道で暮らします

義母は岩見沢に住んでいます。関係はとても良くて、夫の家族はときどき、私のアラバマの家族を思い出させるほどです。義母は私の幸せを気にかけてくれて、値段が高くてよいものを、愛情を込めて送ってくれます。私がおいしいと言ったとても高い肉をたくさん買ってくれました。でも、私は普通ので十分、安い肉でもハッピーなので、なんだか申し訳ない気がしてしまいます。

私は子供の頃、貧しくて、家族の人数が多かったので、食べものの余分なんてなかったんです。早く行かないとなくなっちゃうから、食べもののために走りましたよ。お代わりがあるなんてことはまずなかったし、食べものが余った場合は次の日のために取っておきました。そうした子供の頃の習慣のせいか、今でも一度に多くは食べられません。だから、義母が買ってくれる高級な食品が、おいしいのにたくさんは食べられなくて、彼女を失望させるのがつらいです。それは私の側の事情であり、義母は少しも悪くない。彼女の愛とやさしさにはいつも感謝しています。でも、私は貧しい少女だった頃の自分の人生を忘れることはありません。誤解しないでいただきたいのは、「貧しかった、でも幸せだった」ということです。

義父は10年前に亡くなりました。とても寂しいです。よく一緒にテレビで相撲を見ました。相撲という話題があったおかげで、私の日本語の会話がまだ十分でなかったときにも、義父と直接話をすることができました。今でも相撲を見ると、「お父さんはこのモンゴル人力士は気に入るだろうか」などと考えます。私の祖母は「誰かが思い出してくれるかぎり、その人は本当は死んでいないんだよ」と言ったものです。年に6回の本場所の時期は、義父の魂がここに来て、私と一緒にいるように感じます。

今、気がかりなのは自分の親の健康です。妹が母と一緒に住んでいるけど、妹の健康もすぐれないときがあって…。その次は夫。働きすぎなんですよね。ほんとうに日本人なんですよ。働きすぎで、カロウシするんじゃないかと心配です。勤務時間が長くて、朝9時に家を出て夜10時に帰ってきたりで、すごく疲れている。幸い彼にはバスケットボールという趣味があって、月に2、3回、夜に仲間と汗を流しています。私自身は汗をかくのは好きじゃないんですが、スポーツの価値はわかっていますし、見るのは好きです。オリンピックも見ますよ。出身国にはあまりこだわらず、選手一人ひとりのパフォーマンスを見るのが好きです。

北海道のウィンタースポーツ、すごいですよね。スキーのジャンプとか、カーリングとか、テレビでよく見ます。アラバマではアメリカンフットボールがとても人気です。金曜日にバスに乗ると、チームのデザインのTシャツや帽子の人がいっぱいいます。アラバマ大学は近年、何度もNCAA（全米大学体育協会）のチャンピオンになったので、校舎が増築され、大野さんの行った頃とは見違えるくらい大きくなったんですよ。アメフトのチームが勝つと、卒業生が大学に寄付をするんです。

これからも私はここ北海道で暮らします。アラバマでは、嫌っていうくらいベビーシッターをしたり、人種差別の中、ずっと働いてばかりだった。ここでは外国人として普通に生きることができます。ここが私の家だから、ずっとここで勉強したいと思っています。

個人や家族が誇りに思う価値観や文化を、自分の子供など次世代に伝えるということは、私たちが日頃の生活の中で自然に行っていることです。無意識のうちに、ときには伝えたくなくても伝わってしまうほどなのに、その家族が社会の少数派である場合、子供たちが社会の多数派（学校や友達、メディア等）の影響を大きく受けることもあり、とても困難になってしまう。多数派と異なったライフスタイルが人々の嘲笑や反感を招くとき、年少者にとってその反応はときに刑罰に近い衝撃です。人種差別等により、その集団がまるごと劣ったものとして社会から決めつけられていたら、文化を伝える困難さは当然さらに増します。

私自身も、日本人ムスリマ（女性のイスラム教徒のこと）という奇妙な存在になってしまいました。私の場合はそれを人生の途中で選んだので、そもそも動機がありますが、子供にはそれがないわけで、日本社会との調整ではいろいろ苦労しています。ですから、アイヌの若い人たちが、民族の歌を歌い、伝説まで語る様子を見れば、文化継承にかけられた熱意の深さに心を打たれますし、民族の誇りを全身で受け継いでいる河合さんの、ご家族を敬愛する気持ちが素晴らしいと感じます。

通常、人は自分と異なったふるまいに接すると、違和感があるものです。その違いを「その人にとって大切なことかもしれない」と考えるようなセンスが必要だと思うのです。心を広く持ち、違いから学ぶ姿勢を人々が持ち、誰かが大切にしている有形無形のものを、他の皆も大切にする社会が実現するとよいと思います。「先進国では少数派の権利が守られるものだ」と私に言った人がいます。多数派が暮らしやすいのはある意味、当たり前ですので、自分が多数派の一員であるときにも、少数派の生きやすさ、居心地の良さに配慮できる人間でありたいです。差別に鈍感であるのはみっともなく、愚かにすら見えます。知らず知らずのうちに人権侵害をしていないか、気を付けたいと思いました。

彼女と話していて気づいたもうひとつのことは、参政権についてです。ご存じのように、日本にいる外国人には選挙権がありません。我が家では、息子（日本人）が20歳になった瞬間に「明るい選挙」という資料が行政から届き、選挙権が付与されたことを知りました。息子は新聞を読まず、社会にも政治にも関心はないのに、日本人であって20歳になったというだけで参政権が得られたのです。それに対し夫は、何十年も日本に住み税金を納めているのに選挙権すらありません。外国人だからといって割り引かれる税金はない、つまり税金は100％払っているのに、権利は部分的であるということは衝撃的です。「在外選挙制度」というのがあって、外国にいる日本人は、日本の国政選挙に投票ができます。18歳選挙権も実現した今、日本にいる外国人の参政権は、何十年も前から課題として上がっているのに何も変わっていないのは残念です。多数派の人たちがこういった事態を意識することは少ないでしょうから、外国人のそばにいる私たちが社会に説明していかなくてはいけないと感じました。

ところで、私の夫も7人兄弟の長男で、パキスタンには親戚がたくさんいます。でも、カサンドラさんのいとこの人数には負けました。あまりの数の多さに「彼女の勘違いではないか」とも思ったのですが、「いや、あの人が間違うはずはない」と夫と話したところです。

こんなステキな人が遠いところから北海道に来て暮らしていることがうれしいです。カサンドラさんのホームページ（https://nomindchains.wordpress.com）では、彼女が書いた味わい深い英語を読むことができます。このサイトは一部、日本語でも読むことができ、彼女の民族の文化が日本人に向けて紹介されています。

第3章　自分自身のこと

世界に看護を伝える仕事を続けてきて

1　はじめての北国生活

最後に私自身のことを紹介します。

現在所属している札幌市立大学の開設にあたり、２００６年の3月最終週、東京から札幌市に引っ越してきました。私はスリランカで新しい看護学校を作る仕事をしていて、学校開設時のそれぞれの共通点や相違点に関心があり、わくわくしながらやってきました。

北国の生活は初めてでしたので、周囲のものが珍しく感じました。路肩に雪が積まれていて、柔らかいだろうと蹴ってみたところ、しっかりと硬くてびっくりしました。個人の住宅に風除室があるのも新鮮でした。風除室は一般には、空調による冷暖房の効果を低下させないための空間ですが、寒冷地では、冬の外気が室内に流入しないように設置されます。コートの雪や靴の泥を落とす場所としても使われているようです。

入学式では窓の外に積もった雪の厚さに驚き、真っ白な雪の表面に鳥や動物の足跡がついているのにも感動しました。札幌は「住みたい街ランキング」では常に上位にあることや、「札幌の2度泣き」という表現から、生活しやすいイメージがありました。「札幌の2度泣き」というのは、本州から札幌に転勤を命じられた人が、縁もゆかりもない北国に転勤になったことで行きたくなくて泣き（1度目）、数年後、札幌を離れる辞令が出たときに去りたくなくて泣く（2度目）

ことを指すのだそうです。住んでみると環境の良さに離れたくなくなる都市、それが札幌だということです。

まだ10年しか住んでいませんが、評判通り札幌は暮らしやすい街です。寒冷地のさまざまな体験にチャレンジしながら、生活を楽しんでいます。北海道は人生でいちばん長く住む場所になる予感がしています。

2 看護教員でよかったと思うとき

高校生のとき（1980年頃）、テレビで「日本はこれから高齢化するので、看護師がいっそう必要だ。しかももっとパワーアップして社会のために活躍してもらうために、看護師養成教育は専門学校から大学教育にしなくてはいけない」という話題を見て、看護教員という職業に将来性を感じ、当時は珍しかった大学の看護学部に進学、看護師になりました。東京の大病院で4年間、助産師をした後、希望通り看護教員になりました。それ以来20数年、日本や海外で看護を教える仕事をしています。

ちなみに看護教員とは、看護師を養成する教育機関で指導を行う教員のことで、多くは看護師の資格と病院勤務経験を持っています。看護師になることを夢見て真摯に勉強する学生に「看護

とは何か」を教えるのは、たいへんですがとてもやりがいのある仕事です。とくに実習では、患者さんとの関係の中で学生が成長する姿を間近に見られるので、格別な手応えを感じます。
看護において実習というのは、健康や生命というとても貴重で繊細なものを扱う医療の現場で人生経験の少ない学生が、看護師になるためのトレーニングとして行う学習方法です。現場には間違いや誤解の生まれやすい状況があるので、事故やトラブルを予防するために、看護教員には気働きが要求されます。文字通り手塩にかけて指導した学生たちの顔つきが変わり、身のこなしも成長し、病室の風景になじんでいくのを見ると、人を育てる仕事に携わっている幸福を感じます。集中力を要する体験をくりかえすことや、「できた」という経験によって、人は緊張感のある頼もしい顔つきになります。こ

の大学の最初の卒業生が中堅の看護師になりつつある今日、かつての教え子が病棟で学生の指導者に任命されることもあり、そのようなとき、「この仕事を続けていてよかった」と心から感じます。

3　海外で仕事をするうえでいちばん大切なこと

34歳のときにＪＩＣＡの専門家としてスリランカに長期赴任する機会を得ました。それが最初の国際的な仕事です。仕事は英語で行います。英語の勉強は好きでしたので、赴任前には実用英語検定の準1級を取得しました。それで十分だとは思いませんでしたが、日本人と日本語で話をしても通じないことはありますので、外国語で仕事することにそれほど不安は感じませんでした。

スリランカではさまざまな仕事をしました。当時スリランカの看護学校には教科書がありませんでしたので、現地の看護教員とともにハンドブックを作成し、スリランカ国内各地で販売するシステムを整備しました。

そこに至るまでには当然、日本では経験できないような苦労もしました。たとえば、スリランカは多民族多宗教の国で、言語がいくつも使われています。当時11校あった国立の看護学校は7校がシンハラ語で学ぶ学校、4校がタミル語で学ぶ学校でした。これらの現地語でそれぞれ教材を作成すると費用がかさむうえに、日本人の専門家が内容の確認をしづらくなるので、私が参加したプロジェクトでは共通語である英語で教材を作成しました。

私が勤務していたのは仏教徒の多いシンハラ語の看護学校です。一般的にスリランカの仏教徒は肉を食べない人が多く、彼らは赤い肉（牛肉・豚肉等）はもちろんのこと、鶏肉も食べません。一方、同じ仏教徒でも一部には個人の嗜好を優先して「鶏肉だけは食べる」という人もいて、彼らは、むしろ好んで鶏肉を食べます。

私たちのプロジェクトは、現地の先生たちと一緒に看護教育を改善することでしたので、全国の看護教員を対象とする研修をひんぱんに行っていました。研修参加者にお弁当を用意するときには「ベジタリアン」と「チキン」の2種類を準備します。どちらのお弁当を食べる人もこだわりが強くあるので、正確な数量を準備し、間違わずに手渡すためには慎重な配慮が必要でした。たぶん日本でも同じだと思いますが、食べることは大切なことで、自分の分の食事が準備されていなければ気分はとても悪くなります。そうした経験から私は、仕事をするうえでいちばん大切なことは、食事を過不足なく準備することだと考えるようになりました。

その頃、そのプロジェクトには、視聴覚教材の専門家である日本人が参加していました。その人も「食事の手配ができれば一人前」という考え方を語っていました。チームで屋外の撮影をするときに、進行状況を予測して「何時頃に食事の休憩が取れるか」「その頃までどの職種の人が何人残っているか」などの判断ができれば一人前という考え方です。人は絶え間なくエネルギーを消費して活動しますので、いつ何を飲食するかは、いい仕事をするうえで大切であると思っています。誰とどのように食べるかも重要で、仕事で成果を得るために、また、必要なチーム作りのために、食事の機会を意図的に使っていました。

4　海外生活に向いている人は?

ところで私は、「海外に行きたい」という人からの相談を受ける機会があります。そのような相談の中で感じるのですが、「海外で働きたい、でも英語に自信がない」という人が、世の中には多すぎます。そういう人たちは「言葉は現地に行けばできるようになるから心配ないですよ」と言ってほしがっていると私は感じてしまいます。

これだけ言語習得の機会にあふれた日本の環境にあって取り組めないものが、その国の空気を吸えばできるようになるということはあまりありません。「日本以外で日本語だけで活動できる国はたぶんないし、現地ではやること、学ぶことがたくさんあって、言葉の勉強をするのに時間を使うのはもったいないことです」と、言葉は日本でできるだけの準備をするということをお勧めします。英語にこだわらず、その他の国際語、すなわち中国語、ロシア語、スペイン語、フランス語、アラビア語（これらは国連の公用語です）も、これからはいいと思います。

また、そうした相談のさいには、私のほうからは調理の能力について質問します。私たちは世界のどこにいても毎日食べて生きていかなくてはいけません。現地の食べものを美味しく食べられればいちばんいいのですが、それができなかったら、現地の食材で自分の好きなものを調理できるようになること、それは心身の健康を維持するために最低限必要なスキルです。栄養のバランスがいいとき、ストレスに強い心身が作られるということも、積極的に伝えたいです。現地の人と同じ食べものを、現地の人と一緒に食べられる人は、とりあえずは海外の生活に向いていると言えそうです。

5 私の海外体験―"Curfew"と計画停電

当時、スリランカは20年にわたる内戦中で、そういった社会情勢は毎日の生活や仕事にも影響しました。一例ですが、普段の生活圏内にテロ集団に狙われているポイント、つまり「近づかないほうがよい施設」や「渡るべきではない橋」などがあります。まずはそこを迂回して生活することになるわけで、日常生活に対する内戦の影響は小さくありませんでした。

"Curfew"という英語があります。辞書で引くと「夜間外出禁止令」という耳慣れない日本語が出てくるのですが、当時のスリランカでは、この言葉は日常的によく使われていました。夜間に限らず、当局から外出を禁止されることを"Curfew"と言います。選挙後の投票箱の搬送時間も外出禁止になります。言うまでもないことですが、選挙の結果によって社会にはいろいろな変化が起きます。行政官の管理職人事が動いたりするだけでなく、民間人の生活にも直接的な影響が出ます。スリランカでは病院では医療器材の購入先まで変更になるという噂がありました。このように生活（人生）のかかった投票箱ですから、強奪されてはたいへんです。投票箱を安全に搬送できるよう警備するため、"Curfew"となりました。

当時は、戦地から数百キロ離れた都市部でも、テロ事件が頻発していました。犯行グループ全員が自爆するか、逮捕・射殺されれば、その事件はひとまずそこで終了するのですが、そうでなければ爆発物を持ったまま逃走することになるので、たいへん危険です。その場合には、外出禁止令を出して市民を家に閉じ込め、警察や政府軍が家屋を1軒ずつ捜索することになります。

スリランカでは重要頻出単語であったこの"Curfew"という語を、使う機会のない私の今の生活は「平和だなあ」と思います。

戦争とは関係はないのですが、水力発電に大きく依存していた当時のスリランカでは計画停電が行われていました。雨季に降水量が少なかった場合、市民の使用する電力を制限するため、夜間、数時間から10数時間、電気の供給をしないという政策です。日中は、産業への影響を考慮してか、電気が止まることはなかったように記憶しています。普段は夜通し扇風機を回して寝るのですが、夜、電気が停まると、私は子供たちを扇ぎながら寝ることになりました。私の周りの現地の医師や看護師の家でも状況は同じで、お母さんたちはほんとうに全員が寝不足でした。

停電後、電気が流れはじめるときには、高い電圧が一気にかかり、電気製品は高価なのによく壊れてしまうので、それを予防するために、電気が停まるたび、電気製品のコンセントを抜きました。また、計画停電だというのに、予定時間より数十分も早く電気が停まるときがあって、炊飯器でごはんを炊いている最中だったりすると、とても腹が立ちました。冷蔵庫は停電に合わせて計画的に使用し、夜間はできるだけ開閉しないようにはしていたのですが、長時間停電が続き、貴重な日本食の保存を諦めたこともありました。

6　子供を海外で産むということ

3人の子供を、それぞれ別の国で出産したことは私の自慢です。長男の妊娠出産は東京都、次男はパキスタン国フェイサラバード市、3人目の長女はスリランカ国コロンボ市でした。出産というのは非常に個人的な経験で、当然、身体的、生理的、生物的な出来事です。と同時に出産は周囲の状況や環境、他者との関わりによって影響を受ける性質もあり、そういう意味では社会的、文化的な出来事でもあります。

社会的な環境はほんとうに私の妊娠生活に影響しました。たとえば交通手段です。パキスタンで産前、義妹の家に泊まりに行ったさい、雨が降ったためにタクシーがつかまらず、何日も帰れなくなったことがありました。もしも出産直前にこのようなこと―たかが天気のために移動ができなくなることがあれば、医療機関にたどり着けない可能性があります。ちょっとやそっとでは動じない私も、その状況は怖く感じ、それ以降、出産までは外出を控えました。

3回の出産とも、医療従事者やそうでない人、多くの人たちに助けられました。私のトイレの時間が長いと心配していた夫の家族や、夜間の入院手続き（入院費用の前納）をしているうちに陣痛が強くなって歩けなくなった私を分娩室まで車椅子で運んでくれた看護助手さんなど、忘れられない人と場面がたくさんあります。海外でのこれらの体験から、人に対して誠実に向きあう姿勢は、言葉が通じなくても伝わることを実感しました。そうした私の経験は、日本に住む外国人の経験とも共通する部分があると思います。日本の人たちには、外国人に対して、日本語でもいいので正面から接してほしいと思っています。

開発途上国では、必要なものが容易に得られるとは限りません。育児用品もいいものが入手しづらく、紙おむつなどもスリランカではたいへん高価だったので、日本に帰国したさいには1枚でも多く買い込んで持ち帰りました。布おむつも日本で買ったものは吸水性にすぐれていて、おむつが尿を吸うだけで幸せを感じました。

「もっと便利に、もっと使いやすく」を求める気持ちにより社会や人は発展するのでしょう。一方で、他の人の持ちものを見てうらやむよりも、「今持ってるもので満足する」というのもある意味では楽です。

限られた経験ではありますが、外国の看護師さんや患者さんとの接触の中でさまざまなことを感じました。その最たるものは「人間は健康を希求する」ということです。「痛いことは避けたい」「健康になりたい」というのは人間の普遍的な欲求だと思います。ですから、それを支援する看護師という人たちは世界中で慕われ、頼りにされています。そのことを体験的に理解できたことは自分の仕事にとっても、人生にとっても大きなことだったように思います。

国際人なので、着物を着ます

スリランカには5年間いました。任期終了時点で私は30代、親もまだ若く、日本に戻る必要もそれほどなかったので、その後の仕事を世界中で探しました。シンガポールの大病院の日本人病棟で看護師長として働くという話がありました。仕事自体は魅力的だったのですが、家族のビザの問題があり、待遇もあまり良くなかったのでやめました。けっきょく、帰国後はまた東京に住み、しかも、スリランカに行く前と同じ

大学で教員をすることになりました。

7　私たち家族の北海道生活

帰国してから、夫はパキスタンカレーのレストランの経営を始め、そこそこうまくいっていました。彼はパキスタンの都市部で育ちましたが、彼には酪農に携わっていた先祖がいて、彼自身、「牧場の息子に生まれたかった」とくりかえし言うほどで、ずっと農業、おもに酪農に関心を持っていました。我が家では、自宅でヨーグルトを作って料理に使うこともあり、1日に2〜3リットルの牛乳を消費します。夫は、よく「牛乳を買うのではなく乳牛を飼いたい」と言っていました。

東京には家族で4年間暮らしました。ある日同じく看護教員である友人に、「新しい大学で教員を募集しているから一緒に札幌へ行こう」と誘われ、夫の酪農への興味が頭に浮かんだこともあり、その気になりました。勤務していた大学は、その頃再編成の最中でしたが、編成後の自分の居場所も確保し、転職を具体的に考えていたわけではありませんでした。

今思うと、札幌でなかったら検討しなかったと思います。国際家族ですので、ある程度の規模の都市に住みたいと思っていましたし、因習に縛られない生活や外来者を気軽に受け入れる北海道の人たちのオープンな気質は、その頃から知っていました。子供たちの学校のことが気になりましたが、長男は国立中学校の最終学年であったこと、次男が「今の学校は転校したいくらい嫌だ」と言ったことで気持ちが決まりました。夫も予想通り北海道の生活に興味津々で、自営業はどこでもできるということから、家族揃っての引っ越しとなりました。

ほんとうに縁というのは不思議なもので、ちょっと前まで常夏の国に暮らしていた国際家族が、今度は北国での生活です。最初の冬は、支度がたいへんでした。雪国には「冬靴」という言葉があります。「夏服と冬服」と同じように、「夏靴と冬靴」があるというのに驚き、カルチャーショックを家族で共有しました。

あるとき、下の子が保育園で、「脚絆（きゃはん）」を買うように言われました。脚絆とは何か、私が知らなかったので、子供は身振りを交えて、他の子がどのようなものを使っているか説明してくれました。それでも私にはわからなくて、最初はレッグウォーマーのことかと思っていました。脚絆とは靴の中に雪が入らないように、靴の上から履くもので、札幌では子供服売り場で普通に売られています。

車のタイヤも人の靴も季節によって交換するというのはとても新鮮な体験でした。冬靴は目的によって一人何足も必要で、ずいぶんお金がかかったので、「最低でも5年はこの土地で頑張ろう」と冬支度をしながら改めて決意したのを覚えています。

私も家族も、食べることや料理をすることを大切にしているほうだと思います。食べたものは消化吸収ののち、エネルギーとなり身体の材料となるので、人は食べたものに相応した仕事をし、食べたものに相応した身体になるのだと思っています。夫は、プロにはならなかったのですがほんとうに農業が好きで、農業関係の友人が自然にできるようです。商品にならなかった豆や野菜を生産者から安く分けてもらったり、その家では食べきれなかった家庭菜園の野菜を毎年いただいたりします。家じゅうが土と野菜の香りでいっぱいになり、収穫の季節が楽しめます。それぞれの野菜の個性を生かして調理できると、食べたときの満足感が違います。牛乳を毎朝、農家から購入していた時期もありました。「滋味」というのは、栄養豊富でおいしい食べもののことですが、「豊かで深い精神的な味わい」という意味もあります。この言葉は北海道に来てから使うようになりました。

北海道に暮らして10年になります。国際家族である私たちにとっては、東京のほうが便利なこともあります。なんといっても東京は日本の中心で世界での知名度も高いですし、北海道にはなくて東京にはある有形無形のものは多いです。東京にはほんとうに外国人が多く、学校でもクラスには何人も国際家族の子供がいて、社会が外国人に慣れています。

札幌でも私の住んでいる地域は北海道大学の留学生が多く、家族で滞在する外国人も珍しくなく、ラマダーン（イスラム教の断食）の時期など、小学校でもクラスに一人くらい断食する子がいる状況ではあります。しかし、留学生は数年間の滞在後、日本を離れます。

東京にいる外国人は、もちろん人数も多いのですが、ライフスタイルも日本に馴染んでいました。東京での隣人は日本人とフィリピン人のご夫婦で、自分の親だけでなく、フィリピンから前の配偶者との子も呼び寄せ、たくましく生活していました。ただ、東京の生活は刺激が多く疲れる面があり、札幌はその点、人々の表情や態度も落ち着いていて、空間が広いせいか混雑も少なく、周囲に気を使うことが少なく、楽です。

8　子供たちには日本と海外、両方の学校を経験させたい

育児をライフワークと呼ぶのは、あまり適切ではないかもしれません。ですが、プロセスを含めまさに手作りでクリエイティブであるという点で、育児は人生を費やして行う価値のある「仕事」だと思います。

どのような育児にも正解がないのは承知していますが、国際家族の育児はほんとうに悩みが多く、しかも、私たちが結婚した1990年は、いわゆるニューカマー（おもに1980年代以降に日本にやってきた外国人のこと）が大幅に増加しはじめた年ですので、モデルや先行事例も少なく、すべてが手探りでした。

夫には、子供が日本で育つと「日本人になってしまう」という恐怖のようなものがあり、3人とも日本と海外（スリランカとパキスタン）との両方で学齢期を過ごすよう調整しました。それがよかったかどうかはわかりませんが（ほんとうに全くわかりませんが）、日本の学校だけに行っ

ていたら得られなかったものが得られたと思います。たとえば、彼らは社会を外側から見る視点を持ち、一見、大きく異なって見える人々の言動が、実はどちらも理解できるものであるととらえ、自分たちはその文脈の中で自然にふるまう、名づければバイカルチュラリズムとでもいうような行動を、当たり前のように選択します。周囲がいつも多様であれば、状況に合わせることにはそれほどエネルギーを使わないのかもしれないと私には思えるほど、彼らは普通にそうします。

彼らは人間関係を形成するスキルにすぐれている気がします。もともとの性質も影響したのでしょうが、多様な人たちと接触する環境の中で、幼少の頃より必要に迫られて体得した部分もあると思います。言葉では表現しにくいのですが、3人の子供は、私には想像できないような世界観を持っていて、それを3人でこっそりシェアしているようです。子供が複数であったことも、おそらく彼らにとってはよかったのでしょう。

もちろん、日本と海外の学校を行き来することには無理と無駄が多く、失うものも数知れません。ほんとうに膨大な量の喪失を体験します。高校生のときに日本からパキスタンへ行ったときは、学力的な問題で高校には入れず、中学のクラスで勉強することになってしまいました。海外から日本に帰ってきたときは、年齢相応の学年に入ることはできたのですが、足りないことばかり目に付いてしまいます。でも、そこを気にしても仕方がないし、違う経験をさせたくて留学させているわけなので、私は目の前のことは気にしないことにしました。30歳くらいになったときに、自分の来歴や自分自身を肯定的にとらえられる人間になってほしいと思っています。

今のところ3人とも日本もパキスタンも好きなようで、自分のことは個性的ですごいと思っているようです。「日本は島国で長く鎖国をしていたし、極東にあって世界の中心から遠いので、独自のシステムがいろいろ発達した」など、日本を客観的に見て説明してくれます。

9　やりたいことは早く始める

現在、私はボランティアで、通訳と音楽の活動をしています。通訳のほうは仕事で使って鍛えた英語を忘れるのは惜しいと思って始めたNPO法人の医療通訳、音楽のほうは楽器演奏の指導。いちばん下の子供が吹奏楽を始めたのをきっかけに、小学校の吹奏楽同好会の子供たちに、もう7年も教えています。得意なことを生かして少しでも人の役に立つのは幸せな経験です。

人生の残り時間が少なくなりましたので、「やりたいことは早く始めなくては」と考え、子供の頃にやっていたピアノ演奏も再開し、フルートやドラムも6年前から始めました。札幌は音楽教室の費用が安いと感じます。「地方ではレベルの高い先生が少ない」というインターネットの情報を見かけることもありますが、演奏技術が高いことよりも、わかりやすく丁寧に教えてくれることのほうが初心者にとっては大事なので、私は札幌の先生との出会いに満足しています。

最近、音楽と言語とは共通する性質が多いということをよく考えます。たとえば、書いてある記号（文字）に従って音を作るという点、耳で聞いて意味を理解するという点、頭と体を使う技能である点、反復して使うことで体が覚えて無意識化できる点などです。音符で示されたとおりの指のポジションで音を出すように、発音記号で示されたとおりの舌と唇のポジションで音を出したり、記号に従ってアクセントを付け、音の強弱を作ったりします。音楽を演奏することも、言語で会話することも、目的は「人と人をつなぐこと」です。どちらも全体を理解し運用するために、背景の知識が役に立ちます。

「フレーズ（phrase）」という言葉は、言語にも音楽にもあります。複数のもののひとまとまりといった意味でしょうか。言語でこの言葉を使うときには「単語の集まり」、音楽では「音のひとまとまり」を表します。表現はいろいろありますが、音楽のフレーズでは、最初の音は強めにし最後の音を弱くしまとめるなどの原則があります。日本語でも無意識にそうしていると思いますが、英語でも単語を集めてつなげて発音することがよくあります。言語でも音楽でも、このフレーズを意識して発信したり受信したりすると、意味や気持ちが伝わりやすいと思います。

自分のやっていることの共通点を探して見つけて一人で喜んでいるわけですが、それらの技術の上達の仕方にもきっと共通点があるのだろうと思います。とくに初級を過ぎて、ある程度できるようになると、毎日頑張っても進歩が感じられないときがあります。

そもそも、誰でもすぐにできるものは「技術」とは呼びません。そして技術というのは、ある程度複雑な性質のものなので、努力をしただけ、練習しただけ上手になるというものではありません。できないことができるようになるにはどうしたらよいか、工夫しながら多面的に練習を続けると、ある日、急にできたりします。練習等のさまざまな刺激が身体の内部のどこかに蓄積して、それが何かのきっかけで見える形となって体の外に表現されるのだと思います。一生懸命取り組むほうが楽しいと思う気質なので、音楽も言語も、筋トレのように継続して練習しています。ボランティア活動をすると他の人のために技術を使うという責任が生じますので、技術が錆びつかないように努力する動機となります。質問に答えられないことも貴重な経験です。そんなときは悔しい気持ちで、納得するまで調べます。

子供に演奏を教えることも、外国人の患者さんの受診の通訳も、演奏技術や外国語の能力だけではなく、相手の困っていることを察し、解決策を提案するような、総合的な運用力を必要とする活動です。それらには看護教員や人間としての経験が活きているように思います。通訳には外国人の方も多く、仲間として一緒に勉強したりしています。

現実的な話ですが、通勤時間が短いのでこれだけの活動ができます。今思うと不思議ですが、東京に住んでいた頃は片道1・5時間の通勤時間もあまり気にしていませんでした。他の人も同じくらいの時間でしたし、なかには駅まで車で30分、そこから新幹線で通勤という人もいました。

今は広大な北海道大学を横断して通勤しています。夏は原生林の小路を自転車でつっきって毎日森林浴です。木の名前はわかりませんが、二重三重に枝が覆いかぶさり、うす暗い小路には、木々の匂いや鳥や虫の声など森のエネルギーが遠慮なく満ちていて、そこで深呼吸をすると、何か悩みがあったとしてもそんなものはちっぽけに感じられます。

この森では野ギツネの目撃情報もあり、畑では牛を見ることもできます。冬の天気のいい日はポプラ並木を眺めながら農学部の畑の雪道をてくてくと歩いて通っています。石狩平野はそれほど広くないということなのか、どの方角にも山があり、時間帯によって背景となる空の色が、季節によって山肌の表情が異なり、変化を楽しむことができます。

黄葉で有名な北海道大学のイチョウ並木は、10月末頃には国内外からの観光客やテレビ局がたくさん来ます。北海道では本州よりも黄色い葉の色が美しいと言われますが、紅い葉も鮮やかですし、エゾヤマザクラなどの茶色の葉も趣きがあります。空気が乾燥しているからなのか、散る瞬間までピンと張りつめた形を保つので、緊張感のある末期的な感じのするこのギリギリの紅葉が私は好きです。世界には紅葉のない地域も多いのに、通勤路でこんなに楽しめるのは贅沢な感じがします。

このように、札幌の生活では人生を隅々まで楽しんでいる実感があり、来てよかったと思っています。また、これだけ活動できる自分の体力にも感謝しています。健康管理の秘訣というほどではないですが、身体をできるだけもともとの性質に合わせて用いるように心がけています。夜は寝るとか、左右のバランスを意識し、あまり無理のないように座るとかです。自分の身体や気持ちの状態を第三者の視線でモニターすれば、むやみに落ち込んだりするのを避けられるような気がします。外国で仕事をした経験から、常識を疑ったりものごとを広くとらえたりする視点があること、「ふつう」にもいろいろあってよいと思えることなどは、人間関係のストレスを低減し、気持ちを整えることに役に立つように思います。

10　これから先の展望

たくさん仕事をしてきました。家庭人というよりは、自他ともに認める仕事人です。人生の比較的早い時期に看護教員という仕事に出合い、ずっと続けてきました。現在勤務する大学では、JICAの草の根技術協力の担当者となり、モンゴルの病院を何度も訪問しました。これまでの経験や自分の個性を生かして、世界で看護を教える仕事を継続しているという実感があります。また、世界に関心のある学生たちに直接触れる機会を提供する活動も継続したいと思っています。今年はマレーシアへの研修旅行を実施しました。渡航する学生は、大学の寮に宿泊して現地の看護学生とたっぷり交流したり、自分たちだけで公共交通機関を使ってクアラルンプール市内の移動をしたり、十分な体験ができたと思います。

当たり前のことですが、看護を教えるには、看護技術だけでもコミュニケーション技術だけでもだめで、「自分が何を達成したいか、看護を道具にしてどのような世界を実現したいか」という思いを持つことが大切だと思います。看護の大きな可能性はまだ開発されつくしていない気がします。それを整理して可視化し、看護を受ける人の人生の改善に少しでも役立てることは、私たち看護師がしなくてはいけません。課題は大きいと思います。

これから先の展望はいくつかあります。たくさん仕事をしてきたので、「一度、仕事のない人生を味わってみたい」という気持ちがあります。セミリタイアでもいいから今の仕事を辞め、札幌でボランティア人生を送るというのがそのひとつです。あまりにも長く仕事をしてきたので、これがなくなったときには、今とは別人のようになる気がして、そんな自分と出会ってみるのが楽しみです。また、どこか別の国で音楽教室を開き、演奏を教えて暮らしたいとも思ったりします。海外で文化摩擦を楽しみながら、現地の楽器の演奏を習ったり、合奏を指導したり、音楽を通したコミュニケーションをつむぐことができたら、とても贅沢な人生であるように想像しています。あるいは、また海外に行って看護を教えたくなるかもしれません。

今の自分は仕事人として一応、世界に通用するつもりでいます。仕事で出会った世界の人たちと対等で建設的な関係を築き、その関係の中から新たな切り口を見つけてきました。人との出会いを大切にして、次の仕事につないで成果を得てきたことは私の自慢です。これからも世界に友達を作って、仕事や趣味の幅を広げ、人生を楽しみたいと思います。

あとがき─生き方には「定石」も「正解」もありません

私は、ピアノの演奏をするときは短調のワルツをよく選びます。作曲家の性格や時代背景を調べ、この曲ではどんな人が踊ったのだろうかと想像するのですが、行ったことのない国の生きたことのない時代のことですので、想像し、曲を理解するには限界があるのが気になっていました。

ある日、マレーシア料理を食べていて、この料理がこんなにもおいしいのはさまざまな文化が混じり、すぐれたものが選ばれて残ったからだと気づき、自分なりの結論が出ました。文化が伝播するときに変容することを惜しむ考え方もありますが、異文化に接触した人がなにかしらを選んで、心地よい形で取り入れて使えばよいのだというのが今のところの結論です。それによって生活の中の幸せが少しでも増加するならば、それはとても価値があることのように思います。

私の夫は日本に長く住む外国人で、日本社会には気に入らないこともいろいろあるようですが、日本食は好きですし、温泉は大好きです（ヘンなガイジンです）。私もスリランカで暮らしたときに、「ここの人のこういうところは真似しよう」というように、現地の文化を意図的に、またあるときには無意識に取り入れて、自分の生活の中で使っています。

最近、大手の牛丼屋さんが「鶏と白菜のクリームシチュー定食」を発売し、「えっ、シチューにご飯？」という議論がネット上で起こりました。「何を今さら」と私は思います。私たちは外国生まれの料理、ラーメンやカレーライスを取り入れて日本食にしてきたのです。国際結婚などで異文化との境界にいる国際人はこの価値観を発信できるというのが私の考えです。

最近では、歌舞伎など日本の伝統芸能を外国の人が鑑賞するのをよく見かけるようになりました。これはうれしいことなので、機会があれば通訳などで理解を深めるお手伝いをしたいです。通訳をすると、日本のことを外側から見る視点が生じ、理解が一段と深まり楽しいです。

今回、お話ししてくださった「北海道の国際人」の皆さんは、自分が大切だと思うことに集中し、しかも自然体で生きています。世界のなかで均衡の取れた対応をする態度と能力の形成過程は平坦ではなく、ときには葛藤や動揺もあったことでしょうに、それを克服したからこそ生まれる「懐の広さ」のようなものを感じました。

皆さんの様子には、人のせいにせず自分のことを自分で引き受けるすがすがしさがあります。我慢せず、怠慢にならず、一つ手間をかけて少し上の仕事を目指す。その中で大きなことも小さなことも選択し、自分がやりたいからやっているという気持ちの持ち方が見られました。生き方にはほんとうに定石も、正解もないのだということを、皆さんのお話から感じられたと思っています。

本書の制作過程で気づいたことのもうひとつは、北海道という地域には世界的にもすぐれたものが多く、魅力がたくさん詰まっているということです。広大な原野を直線道路がずっと走る光景や、国内はもちろんアジアのどことも異なる植生には非日常感が満ちています。それでいて安全でホスピタリティもあり、言ってみれば、「日本らしくなさ」と「日本らしさ」の「いいとこどり」

のような強みがあります。観光客数は将来さらに伸長するでしょう。世界の多くの人に北海道を楽しんでいただきたいです。ビジネスにおいてもまだ「のびしろ」はありそうで、今後、北海道の特性を生かし、世界各国との交流がいっそう進展するといいなと思っています。

それぞれの人に「現在地」を語ってもらう試みは、私の頭の中の北海道と世界の関係に、深みと人間味を持たせてくれました。登場する皆さん同様、私自身も北海道をすでにしみじみと愛しています。

「北海道の国際人」たちの静かに充実したパワーや勇気ある生き方を、私は読者の皆さんにお伝えすることができたでしょうか。国際人かどうかに限らず、私たちは誰も、自分の意志で毎日を選択して生き、日々新しい自分を作っています。「なりたい自分」に近づくカギは毎日の生活の中にあると改めて気づく機会となりました。皆さんの気持ちや毎日の行動を、少しでも変化させることができたなら、私はとてもうれしいです。

ジャカルタのブロックMのおしゃれなカフェでアイスティーをいただきながら、あるいは、美しいペルシャの美術工芸品が並ぶお店の中で、お話をうかがった体験は、どれをとっても格別に貴重で、思い出に残るひとときでした。お話をうかがうだけで私にもパワーが注入されるのを実感したので、残り少ない今後の人生では、もっと多くの人の話を聞いてみようと決めました。お話を聞くだけでこんなに気持ちよくなってしまうなら、たくさんうかがうほうが得です。「これは書かないでね」とオフレコの約束で提供していただいたネタは、とくにジャカルタ方面の取材では実はたくさんありまして、インタビューした私が独り占めしてしまいました。読者の皆さん、ごめんなさい。

受け取った感動や、言葉や気持ちをやりとりする瞬間に気づいた「生き方のヒント」を糧に、私はこれからも前へ進みます。本企画を機に生まれた、精力的な話題提供者の皆さんとの素晴らしい出会いに感謝します。また、貴重な人脈を提供してくれた友人たち、「北海道の国際人」の足跡を形にすることに関心を示してくれたぶなのもりの皆さん、その他、応援してくださったすべての方に感謝します。

２０１６年12月　　大野夏代

【資料】

リブロ『世界の国情報２０１６』（リブロ、２０１６年）
坪谷京子『さっぽろむかしあったとさ』（共同文化社、１９８７年）
アラン・ラビノヴィッツ（美馬しょうこ訳）『ジャガーとのやくそく』（あかね書房、２０１５年）
河合靖『チキンそばヌードルスープ—21世紀多文化社会のディアスポラ』（文芸社、１９９９年）
農林水産省ＨＰ　http://www.maff.go.jp/j/press/shokusan/service/150828.html
外務省「モンゴルにおける対日世論調査」（概要）http://www.mofa.go.jp/mofaj/area/mongolia/yoron05/
北海道・札幌市・札幌市各区ＨＰ
ＪＲ北海道旅客鉄道株式会社概要
外務省各国基礎データ

【著者】
大野夏代（おおの・なつよ）　1962年、名古屋市生まれ。千葉大学看護学部卒業。看護師、助産師、保健師、養護教諭２級、３級ファイナンシャルプランニング技能士の資格を持つ。27歳より日本や海外（スリランカ等）で看護を教える仕事をしている。趣味は料理、通訳ボランティア、楽器演奏を教えること。2006年に東京より札幌に転居し、札幌市立大学准教授となる。家族はパキスタン人の夫と子供３人。『ハシェムの学校モイアスクール―国際家族のスリランカ滞在記』（自費出版、2000年）、『はっちゃんはパキスタン生まれ―助産婦さんの海外出産体験記』（ぶなのもり、1997年）、『ハシェムがパキスタンにいる理由』（近代文芸社、1994年）の国際家族についての本のほか、『国際看護学―グローバルナーシングに向けての展開』（中山書店、2013年、共著）、『ナーシングマッサージ入門』（日本看護協会出版会、2016年、共著）など仕事の著書がある。

カバーイラスト：ささきなおみ
埼玉県自由の森学園高校卒業後、武蔵野美術大学油絵科を中退し、バックパッカーで各国に滞在。ナバホ居留地で羊追いと羊毛紡ぎ、インドで綿紡ぎを習得。千葉鴨川の和綿農園で和綿栽培に携わり、同時にイラストの仕事も始める。2008年にアリゾナのナバホのパートナーと北海道江別に移住。現在アリゾナ在住。２児の母。

風のように旅のように
決まった生き方なんてない。北海道の国際人８人の現在地

2017年３月６日　初版第１刷発行
著者　大野夏代
発行　ぶなのもり
〒333-0852　埼玉県川口市芝樋ノ爪1-6-57-301
TEL.048-483-5210 FAX.048-483-5211
［MAIL］info@bunanomori.jp
［WEB］http://www.bunanomori.jp/

 ISBN 978-4-907873-02-8